Seyed Rahmatullah Mousavi Moghadam
Seyed Sajad Sadatizadeh

Logoterapia, abordagens religiosas e psicológicas

Seyed Rahmatullah Mousavi Moghadam
Seyed Sajad Sadatizadeh

Logoterapia, abordagens religiosas e psicológicas

ScienciaScripts

Imprint
Any brand names and product names mentioned in this book are subject to trademark, brand or patent protection and are trademarks or registered trademarks of their respective holders. The use of brand names, product names, common names, trade names, product descriptions etc. even without a particular marking in this work is in no way to be construed to mean that such names may be regarded as unrestricted in respect of trademark and brand protection legislation and could thus be used by anyone.

Cover image: www.ingimage.com

This book is a translation from the original published under ISBN 978-3-659-85274-9.

Publisher:
Sciencia Scripts
is a trademark of
Dodo Books Indian Ocean Ltd. and OmniScriptum S.R.L publishing group

120 High Road, East Finchley, London, N2 9ED, United Kingdom
Str. Armeneasca 28/1, office 1, Chisinau MD-2012, Republic of Moldova, Europe
Managing Directors: Ieva Konstantinova, Victoria Ursu
info@omniscriptum.com

Printed at: see last page
ISBN: 978-620-8-36899-9

Índice

Dedicado a:

O Espírito Santo e o Pai celestial, a mãe honrada e compassiva e o meu irmão, embora agora jazam no solo, mas a energia amorosa nas suas mãos, para mim, o vale do conhecimento e do saber, empurrado sempre pelo calor do espírito, enchem a minha sede. Espera-se que os queridos leitores desta série se lembrem da utilização de resultados científicos, por outras palavras, espirituais e de Deus, que na cultura islâmica se chama "SALAWAT".

Apresentação do livro:

Este livro, com uma nova atitude no domínio da psicologia religiosa, procura explicar o papel da religião na área da saúde mental como um "campo" baseado na "terapia espiritual". Esta abordagem permite descobrir os segredos da espiritualidade das ordens religiosas com base nos ensinamentos da revelação e da Sunnah do Profeta, no reconhecimento do espiritual e do espiritual para a saúde mental e física.

Sobre o autor:

O Doutor SEYED RAHMATOLLAH MOUSAVI MOGHADAM, Professor Associado e Chefe do Departamento de Estudos Islâmicos da Universidade de Ciências Médicas, que tem mais de cinquenta artigos científicos publicados em revistas estrangeiras e em persa, e tem também uma formação científica de mais de oitenta projectos de investigação no domínio da psicologia religiosa, o mais recente, "espiritual, o papel da religião no domínio da saúde mental, da qualidade de vida e de muitos problemas clínicos, como a toxicodependência, o suicídio e..." é.

Introdução

De acordo com a antropologia islâmica, o homem é um ser multidimensional e tem diferentes aspectos e várias actividades na área do comportamento e do domínio social. A pessoa humana com necessidades fisiológicas, emocionais, morais, religiosas, educativas e de orientação, tem uma vida saudável à luz da satisfação destas necessidades e para as equilibrar surgem. De acordo com os ensinamentos islâmicos, a prática religiosa na área da saúde espiritual, que é uma das abordagens religiosas, orienta as religiões como um "cam", juntamente com o conhecimento médico, e especialmente é para o assistente muito favorável na nova psicologia. Face às fontes religiosas, religiosas como a oração, a prece e a oração, a confiança e o apelo a Deus e ... para lidar com traumas psicológicos, sociais e periféricos são utilizados. As recentes e abundantes investigações têm demonstrado que, quando este tipo de acordo e uma fonte de apoio emocional, bem como um veículo de interpretação positiva, os acontecimentos da vida podem confrontar-se com o futuro facilitam. Por isso, é preciso utilizá-los para a saúde das pessoas. Os comportamentos religiosos têm um valor positivo na abordagem de questões significativas da vida. A noção de que o poder absoluto na vida, em nome de Deus, que controla e vigia os pensamentos, as palavras e a conduta da congregação é, de longe, a ansiedade associada à situação, a redução dá. Devido à disponibilidade de uma religião eterna, sem custos e sem efeitos secundários negativos e sem regras e ordens incoerentes com a natureza e a natureza humana, a necessidade da sua utilização e o uso de diretrizes e das suas competências para os profissionais da área da saúde são inevitáveis e uma óptima alternativa aos tratamentos químicos da medicina moderna. A medicina islâmica, tratamento baseado na espiritualidade, alternativas adequadas e uma medicina única e moderna, cuja aplicação, para além de um tratamento natural sem efeitos adversos em termos de atitudes, estruturas mentais, tendências, interpretação positiva da filosofia de vida e direcionar as atitudes, acções e natureza humana da vida humana, significativa, sustentável, bela e a sua qualidade.

Doutor SEYED RAHMATOLLAH MOUSAVI MOGHADAM

Membro do corpo docente da Universidade

Ciências Médicas ILAM

Irão

Uma resenha do livro

Este livro contém seis artigos de investigação baseados em evidências objectivas e participantes de chamadas no campo e em conformidade com o princípio da liberdade de vontade e as eleições foram realizadas e em um processo científico, respostas participantes, análise e de acordo com os princípios e a psicologia da religião e estudos semelhantes, os resultados são muito funcionais e garantias, é obtido. Uma vez que os artigos desta série como um grupo e por um grupo de colegas professores e alunos com supervisão, e orientação científica eu (o autor) tem tomado o primeiro lugar que de todos os colegas do autor, agradecimento e apreço na minha prática e eu vou levar você tem que ser cuidadoso e com parceiros em projetos de saúde e justificar racional, e informou os entrevistados, os resultados deste artigo, objetiva e credibilidade científica necessária e administração para os leitores no campo do desempenho e eficaz.

No primeiro artigo, sob o título: "A relação entre as crenças religiosas e o alívio da pressão psicológica". "O resultado da investigação mostra que as crenças religiosas e a pressão psicológica se estabelecem de forma inversa e significativa. Ou seja, quanto maiores as crenças religiosas, menor o stress, os traumas e as crenças religiosas, uma das formas mais importantes de lidar com os problemas e a saúde mental, são possíveis.

No segundo artigo, intitulado: "A relação entre a autoestima, a agressividade e a orientação religiosa", os resultados revelaram que, entre a orientação religiosa e a agressividade, existe uma relação inversa e significativa, no sentido em que, qualquer que seja o nível de filiação religiosa do indivíduo, quanto mais elevado for, menos ele é agressivo e mais autoestima tem, sobretudo se a orientação religiosa for interna e vice-versa, se a orientação religiosa for externa, menos ele é agressivo. O comportamento dos crentes no estilo de vida islâmico confirma, em particular, o comportamento dos santos e dos imãs ao lidarem com as adversidades da vida.

Na terceira investigação intitulada: "Relação de avaliação, religião, inteligência moral e saúde mental" abordagem à investigação, demonstram uma relação significativa, religião e saúde pública. Ou seja, o nível de religiosidade do indivíduo, a saúde mental e a saúde pública são maiores.

No quarto artigo intitulado: "O papel da orientação religiosa, da inteligência espiritual e das mães, na saúde mental dos adolescentes", os resultados sugerem que as mães, a

visão espiritual, a vida, o olhar pós-materialismo, a atitude positiva, uma mente aberta e têm mais flexibilidade. A inteligência espiritual, que é o resultado da orientação religiosa, é calma, reduz o stress, concentra-se em situações críticas para lidar eficazmente com a doença, perdoa e tem um sentido de compaixão pelos outros. Ou seja, as pessoas com elevada inteligência espiritual para lidar com as tensões da vida, compatibilidade e maior capacidade e, portanto, de criar filhos, em comparação com as mães sem esses atributos espirituais, o mais bem sucedido, e é mais eficaz e seus filhos, saúde psicológica e qualidade de vida superior, têm.

O quinto artigo, intitulado "A relação entre a orientação religiosa, os traços de personalidade e a saúde espiritual, a qualidade de vida", os resultados mostram que a qualidade de vida e a orientação religiosa interna, as relações positivas e significativas e entre elas e a orientação religiosa extrínseca, as relações negativas e significativas. Por outras palavras, as pessoas com orientação religiosa intrínseca, as tendências e as suas crenças religiosas como moduladores do stress são utilizadas. Estas pessoas avaliam os acontecimentos negativos da vida a um nível menos ameaçador e a sua capacidade de lidar com as catástrofes parecem realistas e tentam, os acontecimentos da vida mais positivos e os destinos de Deus nos têm, por isso, uma maior qualidade de vida, bem como a orientação religiosa interna, reforçando os atributos de perfeição da personalidade do indivíduo.

No último artigo desta série, intitulado "Verificar o estado da inteligência espiritual e da culpa sexual dos estudantes", os resultados indicam que a inteligência espiritual, que reflecte a orientação religiosa, a idade, a culpa sexual, é eficaz na compreensão e, quanto maior for o rácio entre homens e mulheres, maior será a culpa sexual.

Nesta investigação, juntamente com outras abordagens psicológicas, obtiveram-se dois resultados principais, que fizeram toda a investigação, a interação na esfera da religião, é compatível com os vibradores, que incluem: papel direto e devido às crenças religiosas, na formação da "inteligência espiritual como a força da relação uma fonte de existência metafísica e grande influência da orientação religiosa em probabilidades ajustadas saúde mental e espiritual aqui a religião, o papel de um "curandeiro espiritual", ao lado da medicina moderna desempenha.

Na minha opinião, há mais de dez anos que se investiga, no domínio da religião e fora

dele, a extensão do efeito da religião no espírito humano, infinito e não adquirido. Esta arena uma nova abordagem e um horizonte longo e distante, a comunidade médica e na saúde que tem expandido o âmbito da investigação mais precisa especialmente no campo da importância clínica também mais bem conhecido será. Espera-se que os estudiosos da religião e da saúde, centrando-se no papel terapêutico da religião e da fé e no seu impacto na excelência e na qualidade de vida, possam, num futuro não muito distante, ultrapassar as fronteiras do desconhecido, descobrir e humanidade apanhada na armadilha dos tratamentos químicos ajudados e na praia do relaxamento e da satisfação, do eu e da sua vida. Mais uma vez, o meu estimado colega neste estudo, em particular os meus queridos alunos no domínio da psicologia, passo a passo na realização desta investigação, são em mim, o grande académico e paciente Sr. doutor SEYED SAJJAD SADATI ZADEH a pedra angular da ideia de publicar trabalhos científicos em latim no Instituto de Investigação, ... Alemanha, de onde ele é obrigado e há de graça e atenção especial do Instituto de Pesquisa na Alemanha e eles deram corpo e seu valor, a publicação de novas descobertas científicas no campo da religião e espiritualidade trabalho, incluindo a aceitação deste trabalho bem para imprimir o Centro de Ciência, apreciação e agradecimentos especiais para a minha prática.

Nota: foram publicados todos os artigos desta série mas no final (VI) em revistas estrangeiras.

Com vontade de

Autor

Estudo e identificação da relação entre crença religiosa e redução do stress psicológico entre os estudantes da Universidade de Ciências e Investigação do ILAM

[1] . SEYED RAHMATOLLAH MOUSAVIMOGHADAM,[2] VAHIDEH ESMAILZADEH,· ELHAM FAROKHIFAR, FARAH EGHBALI,[3]· Neda ZAHIRIKHAH,[4]· *SEYED SAJAD SADATI ZADEH (Autor correspondente)

1. Professor Assistente e Chefe do Departamento de Ciências Islâmicas da Universidade de Ciências Médicas, ILAM, Irão (prof.m1344@gmail.com)

2. Estudante de mestrado em Psicologia Geral, Universidade Islâmica Azad, ILAM, Irão

3. Estudante de mestrado em Psicologia da Educação, Universidade Islâmica Azad, Ahvaz, Irão

4. * Doutorando em filosofia transcendental, Universidade Ferdowsi de Mashhad, Irão sadatizadeh@yahoo.com

Resumo

Antecedentes: O homem é geralmente composto de corpo e alma e está em busca do seu bem-estar material e espiritual do público em geral como depressão e transtornos de ansiedade que sofreram. **Objetivo:** O objetivo deste estudo foi investigar a relação entre as crenças religiosas e a redução do stress na ciência e na investigação dos estudantes universitários do ILAM.

Métodos: Este estudo é uma correlação descritiva. A população foi constituída por todos os estudantes universitários de ciências e investigação do ILAM, num total de 100 estudantes selecionados por amostragem. Os instrumentos utilizados no estudo foram o questionário de crenças islâmicas e a medição do stress.

Resultados: Os resultados mostraram que a relação entre crenças religiosas e tensão mental é estatisticamente significativa ao nível de 99%.

Conclusão: De acordo com as condições específicas da vida estudantil, a inclusão da espiritualidade do stress psicológico no programa irá ajudar os estudantes a reduzir o stress.

Palavras-chave: crenças religiosas, stress, estudantes Investigação científica, ILAM

Introdução

O ser humano é uma combinação de alma e corpo, mente e sabedoria e, devido a esta combinação, a sua alma tenta encontrar a felicidade - felicidade material ou não material - e tenta alcançar a sua perfeição. A essência do amor e da essência dos interesses combina a vida humana com dois defeitos: a tristeza e o medo, e a crença em Deus elimina esses defeitos. O stress psicológico significa o metabolismo do corpo devido ao stress da vida ou à ação interactiva de uma força e a resistência do organismo a essa força, ou seja, conjuntos de agressão e reação. O stress e a depressão são algumas das doenças que fazem as pessoas sofrer e, de acordo com as estatísticas na Europa e nos Estados Unidos da América, 29,6% das mulheres e 12,5% dos homens estão deprimidos e quase 3% da população está ansiosa. Uma das soluções para os problemas psicológicos está relacionada com as fontes de energia metafísica, tais como os seguintes métodos: 1-devoção e mantra, 2-reza, 3-recurso, 4-visita a locais sagrados Alguns psicólogos descobriram, através de investigação do Alcorão, que este livro tem um grande efeito no ser humano e que seguir as suas instruções desempenha um papel importante na saúde psicológica individual e social: 1. leitura do Alcorão, 2. prevenção do medo, 3. convite do Alcorão à paciência, 4. convite do Alcorão à confiança, 5. menção de Deus e relaxamento do coração, 6. ilegalidade do suicídio, 7. respeito e amor aos pais, 8. Hejab para a mulher, 9. rezar e relaxamento psicológico, 10. casamento e constituir família, 11. Todas estas ordens proporcionam uma espécie de paz individual ou social e proporcionam maturidade. A saúde virtual aumenta a conformidade com a condição e melhora a visão da pessoa em relação ao mundo e causa a redução das emoções negativas e do stress e cria um sentido de poder e liberdade e, por outro lado, existe uma relação positiva entre a crença e os estados de espírito. De acordo com isto, existem algumas investigações cujos resultados são brevemente mencionados. Raeese et al demonstraram num estudo que existe uma relação significativa entre a felicidade e a inteligência virtual. Além disso, Tabibi et al 2013, demonstraram num estudo que a existência da saúde virtual desejada, especialmente na dimensão da existência, confirma que a felicidade e a paz mental e a ausência de alma melhoram o desempenho nos estudos. No entanto, poucos investigadores demonstraram que existe uma relação elevada entre a felicidade geral e a pessoa, de modo que a religiosidade é considerada uma fonte importante de adaptação às condições de stress. Por conseguinte, este projeto procura estudar a relação entre a crença religiosa e o baixo nível de stress entre os estudantes da Universidade de Ciências e Investigação de Ilam, a fim de testar a seguinte afirmação: "Parece que existe uma correlação entre a crença religiosa e a quantidade de stress psicológico". Por isso, devemos tentar reforçar os valores religiosos entre os estudantes e ilustrar um futuro de sucesso para os estudantes.

Métodos de estudo

O método de estudo é uma descrição do tipo de correlação e recolha de informação estatística documental ou de campo (questionário). Neste projeto, a sociedade estatística inclui todos os estudantes da Universidade de Ciências e Investigação de Ilam, tendo sido selecionados 100 estudantes através do método de amostragem. Neste projeto, foram utilizados dois questionários sobre a crença islâmica e o stress mental. O questionário sobre a crença islâmica inclui 45 itens, sendo cada resposta classificada por uma escala de 5 graus, e foi realizado em 1997, pelo Sr. Navidi, em rapazes e raparigas estudantes do ensino secundário em Teerão. Para medir a parte mental, a auto-exigência prática em relação à crença islâmica, foi utilizado o ponto de vista de alguns pensadores muçulmanos, teosofistas e professores universitários que se consideravam como auto-medidores da auto-exigência prática em relação à crença islâmica, colaboraram neste estudo e os seus pontos de vista foram utilizados. Para estudar a estabilidade da escala de auto-medição dos requisitos práticos para a crença islâmica, foi utilizado um método de re-teste, e o intervalo entre dois testes foi de cerca de um fraco. O coeficiente final obtido de acordo com o método de reteste foi igual a rtt=81%. O questionário de medição do stress mental de Markham, de 2013, foi codificado por Orsulla Markham para atestar o stress mental e emocional devido à pressão condicional através de 36 perguntas com duas opções de sim ou não, traduzidas para a língua persa pelo Dr. Hassan Pasha Sharifi. A semelhança interna deste questionário foi registada pelo Sr. Vahabi, de acordo com o método alfa de Kronbach, para os estudantes de famílias com um só filho, igual a 87% e para as famílias com vários filhos, igual a 86%, e também por Fatemeh Abbasi e Farkhondeh Pahlavan1376 , igual a 83, o que demonstra um crédito considerável para esta escala. Esta escala foi codificada de acordo com as teorias psicológicas adequadas pelo seu criador e os seus itens constituintes têm uma relação e coordenação perfeitas com as propriedades consideradas, pelo que se pode prever que contenha estabilidade. Neste estudo, para a estatística de descrição, utiliza-se a distribuição de abundância, a média e a ilustração de tabelas e, na secção de estatística de indução, devido à multi-superfície das variáveis e à não normalidade da distribuição dos dados segundo o teste de Kulmogrov-Asmironov ($p<0,05$), utiliza-se o coeficiente de correlação de Spirman.

Resultados

De acordo com a tabela 1, sobre a estatística de descrição, foi esclarecido que o valor máximo obtido no questionário de crença religiosa foi 225 e no questionário de stress mental foi 34. Além disso, o valor mínimo e o valor médio do questionário no questionário de crença religiosa foi calculado em 45 e 185 e no questionário de stress mental foi calculado em 10 e 11.

Tabela n.º 1 - Descrição estatística da crença religiosa e da redução do stress mental

média	Desvio padrão	min	máximo	valor	variável
185	3/75	45	225	100	Crença religiosa
11	1/67	10	34	100	Stress mental

De acordo com a figura 1, ficou claro que, entre 100 casos de teste estudados, 56% eram do sexo feminino e 44% do sexo masculino.

Figura 1: Distribuição por género dos inquiridos

Vermelho: Homem 44%

Azul: Mulher 56%

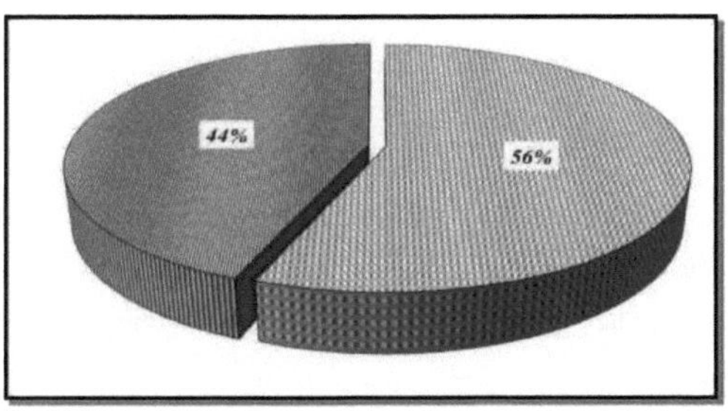

Figura 1: de acordo com a tabela estatística 2, que calcula o coeficiente de correlação de acordo com o grupo de sexo, o valor do coeficiente de correlação entre a crença religiosa e a redução do stress psicológico foi igual a 0,73 e para o grupo masculino foi igual a 0,81 e como o valor absoluto do coeficiente de correlação é igual

a 1, este valor para estes dois grupos é significativo.

Tabela 2: Coeficiente de correlação de acordo com o grupo de sexo:

coeficiente de correlação	não	Teste de índice	Variável de critério	Valor de previsão
-0/73	56		Stress psicológico	crença religiosa
-0/81	44			

Tabela 3: coeficiente de correlação entre crença religiosa e stress psicológico Redução

Teste não	Estatuto significativo	coeficiente de correlação	Índice estatístico para o teste	Variável de critério	Valor de previsão
100	0/001	-0/77	total	Stress mental	crença religiosa

Por último, para estudar o estatuto de significância entre a variável independente (crença religiosa) e a variável dependente (redução do stress mental) sem ter em conta o sexo do teste, foi obtido o coeficiente de correlação que, de acordo com o gráfico 3, é igual a - 0,77 e o estatuto de significância é igual a 0,001, pelo que é possível afirmar que existe uma correlação significativa e inversa entre a crença religiosa e a redução do stress mental e que, quanto maior for o aumento ou o desenvolvimento entre os estudantes universitários, maior será a redução do stress mental e, consequentemente, maior será a saúde mental entre eles (negação da hipótese H0 em relação à H1 com 99% de certeza).

Discussão

Como foi mencionado neste projeto para estudar a relação entre a crença religiosa e a redução do stress mental entre os estudantes da Universidade de Ciências e Investigação de Ilam, em 2013, e mostrou uma relação e uma correlação inversa significativa entre estas duas variáveis (Sig = 0,0001, r = -0,77), não há dúvida de que quanto mais saúde geral houver entre os estudantes, menos problemas mentais e defeitos físicos ocorrerão, pelo que a criação e o desenvolvimento da crença religiosa entre os estudantes talvez seja uma forma adequada de resolver o problema e viabilizar a saúde mental. No que diz respeito à crença religiosa na redução do stress mental, existem também outras investigações que vão ao encontro dos resultados obtidos. Entre eles, é possível mencionar Moqimian et al 2013, Asavardi et al 2011. Além disso, os investigadores do centro de saúde mental de Saint Luie, na América, no livro de (Forgotten factors) escrevem: As pessoas que vão ao trabalho semanalmente têm menos problemas mentais.

Conclusão

De acordo com os resultados obtidos neste projeto e também em estudos semelhantes, a importância do desenvolvimento da crença religiosa entre os estudantes parece ser essencial e os funcionários da universidade também podem aplicar esses programas. Por conseguinte, uma vez que a crença religiosa resulta em paz mental, sugere-se que se tente desenvolver a crença religiosa e reforçá-la entre os estudantes.

Agradecimentos

Finalmente, os autores querem agradecer a todos os que nos ajudaram a realizar este projeto.

Referência

Tratado do Grande Ayatollah Haj Sheikh Hossein Vahid Khorasani.

Koohsar Hosseini, Sayed Ishaq (2004). Do Alcorão ao stress. Teerão: Centro do Pensamento Jovem, Irão.

Berna, Idi (1995). Cognitive therapy of depression, traduzido por H. Foroozandeh Jani, Astan Quds Razavi, Irão.

parhiz, MA (2006). A maravilha e o milagre do Alcorão. Qom: Editora Imams, Irão. Tabibi, M, Ahmar Tehran; Arabshahi Sultan Syed Kamran; Heydari, Saeedeh, Abdi, Zahra, Safai M, Ruhollah (2013). Relação entre a saúde espiritual e o desempenho académico dos estudantes da Universidade de Ciências Médicas de Qom, Volume VII, n.º II.

Raisi, Marzieh, Ahmar Tehran, Haidari, Saeedeh, Jafar Boglo, Abedini, Zahra; planningSyed Ahmad (2013). A inteligência espiritual está associada à felicidade e à realização na Universidade de Ciências Médicas de Qom. Revista Iraniana de Educação Médica.

Mqymiyan, Maryam, Soleimani, F, Azar Barzin, Mehrdad (2011). Relação entre ansiedade nos testes e saúde espiritual em estudantes de enfermagem. Research papers, Journal of Qom University of Medical Sciences, Volume V, Issue III, Special Medicine and Religion.

Asaverdy, Abdul Qadeer; Golafshany Asghar; Akaberi, Seyed Arash (2011). Relação entre bem-estar espiritual e qualidade de vida em enfermagem. Jornal da Universidade de Ciências Médicas do Norte de Khorasan, Volume III, Número 4.

Rezvantalab, MR (1996). Perguntas conscientes. Qom: Publicação Mehr.

Examinar a relação entre o rácio de sondagens, a orientação religiosa, a agressão e a autoestima entre mulheres e homens na cidade de DAREHSHAHR

SAYYED RAHMATOLLAH MOUSAVIMOGHADAM[1] , MOHAMMADREZA NURMAHAMMADI[2] , ZIVAR OLAS[3] , HAMED TAVAN[4] , NASRIN GHANBARZADEH[5] , NEDA ZAHIRIKHAH[6]

Resumo

Antecedentes: Agressão, tensão ou tendência numa pessoa que se forma, pontapeia, mata e destrói os seus espectáculos. A autoestima é um atributo psicológico que se sente como aprovação, aprovação, aceitação e autoestima ou auto-respeito da pessoa é relevante e a pessoa tem uma orientação religiosa intrínseca, as suas motivações na sua religião são. A religião e o carácter de uma pessoa são um só.

Objetivo: Este estudo examinou a relação entre a agressão e a autoestima do que o inquérito sobre a orientação religiosa entre homens e mulheres foi realizado na cidade de DAREHSHAHR.

Métodos: A população estatística desta pesquisa são homens e mulheres na cidade de DAREH SHAHR, na faixa etária de 15 a 40 anos. 80 pacientes (40 do sexo feminino e 40 do sexo masculino) que foram selecionados por amostragem aleatória; para a recolha de dados, foi utilizado o questionário Esteem, Aggression AIZENG, e a orientação religiosa de ALLPORT.

Resultados: Os resultados mostraram que, entre a autoestima e a orientação religiosa, existe uma relação inversa com a agressividade. Nomeadamente, qualquer que seja a orientação religiosa interior da pessoa, ela é mais e menos agressiva. Quando uma orientação religiosa externa é mais autoestima e menos agressividade.

Discussão e conclusão: A orientação religiosa intrínseca é um fator-chave para aumentar a autoestima e a agressividade. De acordo com esta questão, a saúde espiritual e um sentimento positivo de autossatisfação são factores de excelência.

Palavras-chave: autoestima, agressão, orientação religiosa

Antecedentes

A agressão refere-se normalmente a um comportamento que tem como objetivo prejudicar fisicamente outra pessoa ou destruir bens. A palavra-chave nesta definição é intenção [1]. Em termos científicos, deve dizer-se que, Agressão, tensão ou tendência numa pessoa que forma, pontapeia, mata, e destrói os seus espectáculos.

1 . Professor Assistente e Chefe do Departamento de Teologia Islâmica Faculdade de Medicina, Universidade de Ciências Médicas, ILAM, Irão
2 . Professor Assistente Faculdade de Medicina, Universidade de Ciências Médicas, SHAHREKORD, Irão
3 . Estudante de pós-graduação em psicologia clínica, Universidade de Ciência e Investigação do ILAM, Irão.
4 . Estudante de Enfermagem, Comité de Investigações dos Estudantes, Universidade de Ciências Médicas, ILAM, Irão
5 . Estudante de pós-graduação em psicologia clínica, Universidade de Ciência e Investigação do ILAM, Irão.
6. Mestrado em Psicologia da Educação, Ciência e Investigação do Khuzistão, Ahvaz, Irão nedazahirikhah@gmail.com

Um indivíduo quanto à incidência de reacções, de uma forma que é adequada ao funcionamento ou conduta da outra parte não é. Aparentemente, representa uma rebelião e revolução dentro do indivíduo, e há um sentimento de que se uma pessoa tem medo de contar; há uma dor dentro dela que é capaz de superar e compensar e é inevitável que a retaliação sobre os outros traga; embora casos de angústia, pode ser hora de dar atenção a ela [2]. Talvez o maior inimigo ou obstáculo à liberdade ou à vivência da liberdade e da descrença, seja a agressividade no ser humano. Hoje em dia a agressão pode ser vista em todo o lado na história da humanidade. A forma mais extrema de agressão, a destruição física, que pode ser o mais alto grau de influência social, deve ser considerada [3].

Cooper Smith, em 1967, a autoestima, uma pessoa julga-se a si própria e a sua importância e potencial sucesso, e a autossuficiência, que as palavras ou acções dos outros, passarão, Na sua opinião, as pessoas que têm uma elevada autoestima, melhores relações interpessoais, geralmente têm E muitas vezes como líder, será eleito. A autoestima é um atributo psicológico que se relaciona com o sentimento de aprovação, aprovação, aceitação e estima em relação à sua pessoa ou ao seu eu [2]. Estudos experimentais realizados nos últimos 15 anos, reflectem o facto de que a autoestima é considerada um importante fator psicológico que influencia a saúde e a qualidade de vida. Com o aumento da autoestima, surge um sentimento de capacitação e de valorização da pessoa e mudanças positivas, como o rendimento académico, o aumento dos esforços para o sucesso, uma elevada estima, o ser ambicioso, e a tendência para ter melhor saúde, a pessoa aparece [4]. A autoestima é definida como a valorização, o respeito, a aprovação, a aceitação e o valor que o indivíduo atribui a si próprio e o julgamento das suas capacidades [5]. James (1892) afirma que, no caso da primeira auto-escrita, na sua opinião, as aspirações e os valores humanos desempenham um papel essencial para determinar se a pessoa se considera boa ou não. A pessoa sente-se bem neste mundo, é exatamente o que quer ou depende dele. Ele pensava que a crença no seu valor é uma função da sua posição e das suas perfeições, do que a pretensão ou o desejo de fazer o bem que é. "Por isso, com base nas teorias de James, que tinha muita habilidade musical, habilidade matemática do que as suas ostentações, se, num concerto, a pessoa se portar mal, em comparação com o desempenho num teste de matemática, a autoestima, ela ficará mais impressionada. Se a pessoa, de alguma forma, a sua matemática, não sabe, mau desempenho no teste de matemática, a autoestima, ele não terá qualquer efeito. James, o sujeito, a fórmula de conceção geral da autoestima é expressa [5]. Adler (1926), em contraste com outros teóricos, a importância da fraqueza real e deficiência, levando a baixa autoestima, ser são mais ênfase tem [6].

A orientação religiosa consiste em: Tendência, crenças e vontade de praticar a religião, incluindo declarações descritivas e prescritivas e tem três elementos principais: conhecimento, crença e ação. [7]. A religião, a mais básica das necessidades humanas, para satisfazer e lacunas na moral, emocional e intelectual, a sua plena, faz, Esperança e força, na pessoa, para consolidar E qualidades morais, espirituais, na pessoa, e as comunidades têm forças e uma base muito forte para os seres humanos, contra dificuldades e sofrimentos e privações da vida, dá [8].A pessoa que, tem orientação religiosa intrínseca, suas motivações em sua religião é. A pessoa que tem uma orientação religiosa intrínseca, as suas motivações na sua religião são. Enquanto que o indivíduo que tem uma orientação religiosa externa tem para outros para atingir fins, a religião do processo. Por outras palavras, o Senhor do processo, sem isso, está ligado, vira-se [9].

As crenças e práticas religiosas têm um impacto positivo no sentido da vida, são. Comportamentos como a confiança em Deus, o culto, a peregrinação e a esperança e o encorajamento de atitudes positivas podem levar à calma interior da pessoa. Ter um sentido e um objetivo na vida, um sentimento de pertença a uma fonte de sublime, esperança com a ajuda de Deus, causando condições difíceis de vida, apoio social e gozo espiritual, e todos esses métodos são pessoas religiosas com eles, enfrentam o stress dos acontecimentos da vida, menos danos, estar a sofrer [10]. A crença de que existe um Deus, que posição, irá controlar e supervisionar escravos, demasiada ansiedade associada a uma situação reduz, de modo que, a maioria das pessoas que acreditam na sua relação com Deus como um amigo muito próximo, são descritas. E acreditam que podem confiar e apelar a Deus através de oportunidades de trabalho para controlar o incontrolável. [11].

Assim, o objetivo deste estudo foi avaliar a relação entre a orientação religiosa para a avaliação, a agressão e a autoestima entre mulheres e homens na cidade de DAREHSHAHR.

Métodos:

A população do estudo é constituída por todos os doentes (homens e mulheres) da cidade de DAREHSHAHR, com uma faixa etária de 40-15 anos. A amostra, 80 doentes (40 homens e 40 mulheres), foi selecionada por amostragem aleatória simples. O desenho do estudo é um estudo de correlação. O instrumento é constituído pela **Escala de Agressão de EIZENG,** que foi testada por JURGEN EIZENG, em 1992. Escala de Agressão de EIZENG, uma escala de auto-relato de papel e lápis com o artigo 58, do teste, as opções de sim e não que, respetivamente, uma e zero pontuações são atribuídas a eles. O coeficiente de fiabilidade do Questionário de Agressão EIZENG foi considerado satisfatório em estudos anteriores. Além disso, foi calculado o coeficiente de fiabilidade do questionário, utilizando o meio termo, 0/80, e o alfa de CRONBACH, 0/89. **Escala de autoestima:** O Inventário de Auto-Estima (SEI) contém 58 substâncias. Descreve os sentimentos, opiniões ou reacções do indivíduo. E participante, deve estes materiais, abreviaturas, quatro casas, "Eu gosto (sim) "Ou" Eu não gosto (não) "resposta. As substâncias de cada uma das subescalas incluem: Escala geral de 26, a escala social 8, a escala da família 8, a escala da escola 8, e a escala da mentira 8,Pontuações das subescalas E a pontuação total, Possível especificar um contexto, no qual as pessoas têm direito à sua imagem positiva, fornece [5]. Estudos realizados no Irão e fora do Irão, indicam que este teste tem uma fiabilidade e validade aceitáveis. O coeficiente alfa de HERZ e GULEN (1999) é de 0/88 para uma pontuação total dos testes [12]. Além disso, para avaliar a sua validade, entre a pontuação total do teste com um teste de personalidade EZENG, subescala de Neuroticismo, obtém-se uma validade divergente negativa significativa e, com a subescala de extroversão, uma validade convergente positiva significativa. Edmond Sun, et al (2006) também relataram o coeficiente de consistência interna de 0/86 a 0/90 para o teste de autoestima [13]. Cooper Smith e outros (1990) registaram um coeficiente de reteste de 0/88 nas cinco semanas seguintes e de 0/70 ao fim de um ano (13). Self-Esteem Inventory (SEI), que pode ser realizado individual ou coletivamente. Utiliza-se a forma escolar, uma escola para crianças e jovens a partir dos 8 anos. E a sua forma adulta, relativa a pessoas que concluíram o ensino geral. A duração do teste é de aproximadamente 10 minutos. É preferível que o experimentador, durante a execução do teste, não dê qualquer explicação. A utilização da chamada "autoestima" deve ser evitada (é de notar que a resposta, tal como o termo, não está incluída). O método de pontuação do teste é o zero e um; isto significa que algumas das questões são respondidas sim, e a resposta não é zero; e as restantes questões, será classificado o inverso. Escala de orientação religiosa (interior e exterior) ALLPORT: ALLPORT e Ross, em 1950, forneceram esta escala para medir a orientação interna e externa da religião. Num estudo preliminar, que foi realizado nesta base, observou-se que as correlações com a orientação interna externa, 21% [14]. Este teste foi traduzido e validado em 2001. A consistência interna, utilizando o coeficiente alfa de CRONBACH, é de 71%, e a sua fiabilidade no reteste é de 74% [15]. Nesta escala, o valor da opção de 1 a 12, que mede a orientação religiosa externa, de totalmente oposto a fortemente de acordo é, Neste caso, a primeira opção (a) totalmente oposta, a segunda opção (b) quase oposta, a terceira opção (c) quase de acordo, e a quarta opção (d) fortemente de acordo compõe e no próximo artigo 9, nomeadamente números 13 a 21 que mede a orientação religiosa intrínseca, a resposta é invertida; nomeadamente a primeira opção (a) concordo totalmente, a segunda opção (b) quase concordo, a terceira opção (c) quase oposto e a quarta opção (d) totalmente oposto.

Resultados

As capas. Este teste é composto por 21 frases e não tem limite de tempo, sendo o grupo executado [15]. Esta escala baseia-se numa classificação LIKERT, que varia de concordo totalmente a totalmente oposto e respostas, pontuadas de 1 a 5, atribuídas; assim, a opção (a), pontuação um, a opção B, pontuação dois, a opção uma pontuação de quatro, e a opção D, 5º ano, e frases sem resposta, a pontuação é três. Pontuação total de 1 a 12 níveis, incluindo o teste de orientação religiosa externa e a pontuação total de 13 a 21 palavras, a pontuação de orientação religiosa intrínseca indica que ele é.

Desta forma, a investigação, a análise de dados, a estatística descritiva, incluindo a média, o desvio padrão, o mínimo, o máximo, e a estatística inferencial, o teste T independente e o coeficiente de correlação de Pearson foram utilizados.

De acordo com os resultados do presente estudo, são apresentados os resultados nos quadros 1 a 4.

Quadro 1: Descrição das variáveis

variáveis	Género	número	Percentagem	Média	Desvio padrão	pontuação mínima	pontuação máxima
Orientação Externa	Mulher	40	50	27/10	5/222	18	45
religioso	Homem	40	50	33/23	3/648	24	39
Orientação Interna	Mulher	40	50	22/20	2/989	17	30
religioso	Homem	40	50	21/63	2/932	13	27
Autoestima	Mulher	40	50	37/83	8/536	24	50
	Homem	40	50	37/93	7/684	24	51
Agressão	Mulher	40	50	25/98	5/776	12	35
	Homem	40	50	26/20	6/851	10	36

Quadro 2: Coeficientes de correlação para a orientação religiosa, a autoestima e a agressão

Variáveis de critério	Variável preditiva	O coeficiente de correlação (r)	O nível de significância (p)	Número de amostras (N)
Autoestima	Orientação interna	0/306	0/006	80
	Orientação interna	-0/257	0/021	80
Agressão	Orientação interna	-0/346	0/002	80
	Orientação interna	0/230	0/040	80

Quadro 3: Teste t para detetar diferenças significativas entre a orientação religiosa, a autoestima e a agressividade entre homens e mulheres de 40-15 anos da cidade de DAREH SHAHR

variáveis	Mulheres médias	Homens médios	Diferença na média	df	Estatísticas T	Probabilidade significativa
Orientação Religiosa externa	27/10	33/23	-6/125	69/741	-6/081	0/000
Orientação Religioso interno	22/20	21/63	0/575	77/972	0/869	0/388
Autoestima	37/83	37/93	-0/100	77/153	-0/055	0/956
Agressão	25/98	26/20	-0/225	75/832	-0/159	0/874

Quadro 4: Teste t para detetar diferenças significativas entre a orientação religiosa, a autoestima e a agressividade entre os 40-15 anos de idade, casados e solteiros Cidade de DAREH SHAHR

variáveis	Média individual 43 =N	Média Casado 37= N	Diferença em média	df	T-estatísticas	Significativo probabilidade
Orientação Religioso externo	30/05	30/30	-0/251	77/774	-0/205	0/836
Orientação Religioso interno	21/72	22/14	-0/414	77/084	-0/624	0/534
Autoestima	37/12	38/76	-1/640	77/641	-0/921	0/360
Agressão	25/93	26/27	-0/340	77/606	-0/243	0/808

Discussão

Como se pode ver na tabela 1, formámos um número igual de homens e mulheres, 50% de cada tamanho de amostra. A média das mulheres de 40-15 anos de orientação externa da cidade de DAREH SHAHR é de 27/10, com um desvio-padrão de 5/222, e a média da orientação externa do homem de 40-15 anos é de 33/23, com um desvio-padrão de 3/648. Orientação interna média, mulheres 40-15 anos DAREH SHAHR City, 22/20 e desvio padrão, 2/989, e a direção média do homem interior, 40-15 anos, 21/63, e um desvio padrão de 2/932, 's. Autoestima média das mulheres de 40-15 anos da cidade de DAREH SHAHR, 37/83, e um desvio padrão de 8/536, e a autoestima média dos homens de 40-15 anos, 37/93, e um desvio padrão de 7/684, é. Média de mulheres agressivas 40-15 anos DAREH SHAHR 25/98, e o desvio padrão de 5/776, e a média de autoestima nos homens 40-15 anos, 26/20, e um desvio padrão de 6/851, é. Como se pode ver na Tabela 2, a correlação positiva (0/306) entre a orientação religiosa interna e a autoestima é e em 0/006> P é significativa, a correlação negativa (-0/257) entre a orientação religiosa externa, a autoestima é e em 0/021> P é significativo, a correlação positiva (0/230) entre a orientação religiosa externa e a agressividade é e em 0/040> P é significativo e a correlação negativa (0/346) entre a orientação religiosa interna e a agressividade é e em 0/002> P é significativo; Esta hipótese, a primeira, a segunda, a terceira e a quarta são confirmadas. Tabela 3 Diferenças médias entre homens e mulheres 40-15 anos de DAREH SHAHR as variáveis de orientação religiosa (interna/externa), autoestima e agressão mostra. Como se pode ver na Tabela 3, a probabilidade de um nível significativo de orientação religiosa externa é (0/000), orientação religiosa interna (0/388), estima (0/956) e agressão (0/874), é; Assim, a diferença média entre homens e mulheres 40-15 anos de DAREH SHAHR City, as três variáveis de orientação religiosa interna, autoestima e agressão não é significativa; Mas no caso de orientação externa é significativa. A pontuação média de 40-15 na orientação religiosa dos homens fora da cidade de DAREH SHAHR mulher de 40-15 anos mais. Esta hipótese, a sexta sétima e oitava não são confirmadas, mas a quinta hipótese é confirmada. Tabela 4 Média de 40-15 anos entre casados e solteiros na cidade DAREH SHAHR variáveis de orientação religiosa (interna/externa), autoestima e agressão mostra. Como se pode ver nesta tabela, a probabilidade de a orientação religiosa externa ser significativa é (0/836), a orientação religiosa interna (0/534), a autoestima (0/360) e a agressividade (0/808), pelo que a diferença entre solteiros e casados de 40-15 anos nas quatro variáveis do DAREH SHAHR não é significativa. Assim, as quatro hipóteses, nona, décima, décima primeira e décima segunda, não puderam ser verificadas.

Conclusões

Este estudo examinou a relação entre a agressão e a autoestima do que o inquérito sobre a orientação religiosa entre homens e mulheres, com idades compreendidas entre os 40 e os 15 anos, na cidade de Valley. Tabela 2 Os resultados da primeira e quarta hipóteses deste estudo mostraram que, entre a autoestima e a agressão na orientação religiosa, existe uma relação inversa; o que quer que esteja dentro da orientação religiosa de uma pessoa, a autoestima individual é maior e menos agressiva, é; Quando uma orientação religiosa externa, e menor autoestima e ser mais agressivo. A orientação religiosa interna é um fator-chave para a agressividade, a autoestima e o papel que desempenha. E de acordo com isso, como um defensor da prevenção e tratamento pode ser eficaz na redução da agressão e autoestima, a ser considerado. Os resultados do Quadro 3, que corresponde a uma escala comparável entre homens e mulheres no programa, exceto para as diferenças de escala de orientação religiosa externa entre homens e mulheres não é significativa; Por outras palavras, a diferença de sexo na orientação religiosa interna, autoestima e agressão, sem orientação religiosa externa, mais homens do que mulheres são. Os resultados da Tabela 4, que compara o estado civil Individuals a escala do show, afirmando que mede as mudanças no estado civil, não causou. Por outras palavras, a diferença na escala entre solteiros e casados não é significativa.

Referências

1. SADUCK, B. (1993). Tradução de nosratallah purafkari. Resumo de psiquiatria: Ciências do Comportamento - Psiquiatria Clínica, Teerão: SHAHRAB: o futuro

2. Cooper smith, H. (1967). Problemas relacionados com o stress e formas de os resolver. Traduzir por nosratallah purafkari, Crescimento das emissões

3. SHOARINEJAD, A. (1995). General Psychology, Fifth Edition, publicado por Quds, Mashhad.

4. Mann, M. Hosman, C.M.H. Schaalma, H.P. & De Vries, N.K. (2004). A autoestima numa abordagem de largo espetro para a promoção da saúde mental. Investigação em Educação para a Saúde, 19, 357-372

5. Cooper smith, H. (1967). The Antecedents of Self-esteem, W. H. Frecman and Company Sanfrancisco.

6. Adler. A. (1926). The Neurotic Constitution. Nova Iorque Dood mead

7. HABIBVAND, A. M. (2007). A relação entre orientação religiosa, perturbações mentais e progresso académico

8. ASADINOGHANI, A. A. OMIDISHIRAZ, HAJIAGHAGANI, S. (2005). Psychiatric Nursing, primeira edição, Teerão: humanidade.

9. Weithen, W. (1994); Stress, coping and health in handbook of psychology. Brooks/col compang

10. Yang, Ke-Ping, Mao, Xiu-Ying. (2007). Um estudo sobre a inteligência espiritual dos enfermeiros: A cross-sectional questionnaire survey, International Journal of Nursing Studies 44, 9991010.

11. Fountoulakis, Konstantinos N, Siamouli, Melina, Magiria Stamatia, Kaprinis George. (2008). Depressão tardia, religiosidade, doença cerebrovascular, deficiência cognitiva e atitudes em relação à morte nos idosos, Interpretação dos dados. Medical Hypotheses.70, 493-496

12. KHORAND, M. A. (2004). A estima dos estudantes do sexo feminino, atletas e não atletas, da Universidade de Ciências Agrárias e Recursos Naturais de Gorgan. Revista: Movimento, Número 2

13. EDMONDSUN, R. (2006). Ing philosophy and principles of audiovisual archiving, Traduzido por VAHID TEHRANIPUR. Teerão: Bibliotecário editor

14. AIlport GW, Ross Mj. PersonaI reIigious orientation and prejudice (Orientação religiosa pessoal e preconceito). J PersonaI Soc PsychoI. 1967; 5: 432 - 430 [pubMed][DOI:10. 1037/h..21212.

15. MOKHTARI, A. (2001). Examinar a relação entre orientação religiosa e stress em estudantes da Universidade de Teerão. Dissertação de Mestrado, Faculdade de Educação e Psicologia da Universidade.

Examinar a relação entre a orientação religiosa, a inteligência, a ética e a saúde mental dos estudantes da Universidade Azad de ILAM

SEYED RAHMATOLLAH MUSAVIMOGHADAM[1] , SOGHRA HAJI[2] , MEHRI ESMAEI CHAGANI[3] , MARYAM VEISKARAMI[4]

Resumo

Introdução: A saúde mental ajuda os estudantes a desenvolverem o potencial da sua mente e a sua aptidão psicológica. O comportamento religioso é um valor positivo na abordagem dos aspectos significativos da vida e da inteligência moral capacidade de reconhecer e distinguir o certo do errado. **Método:** O presente estudo tem como objetivo a aplicação do método de correlação cruzada. Neste estudo, os termos de que sobre as pessoas através de um inquérito por questionário para recolher. A população deste estudo era constituída por todos os estudantes da Universidade Islâmica Azad do ILAM. Utilizando a fórmula de estimativa da dimensão da amostra, determinou-se Cochran 260. Para a recolha de dados, foram utilizados os questionários (orientação religiosa MATLABI, questionário de saúde geral Goldberg, questionário de inteligência ética LENICK e Kiel). Os dados foram analisados com o software spss14.

Discussão: Os resultados mostram que existe uma relação significativa entre a orientação religiosa, a inteligência ética e a saúde pública na Universidade Azad de ILAM.

Conclusão: Pode através da realização de reuniões de aconselhamento em grupo, e aconselhamento familiar com base nos conceitos de inteligência ética e orientação religiosa ajudado a saúde mental dos alunos.

Palavras-chave: orientação religiosa, inteligência ética, saúde mental, Universidade Azad de ILAM.

Introdução

A saúde mental é a ciência do bem-estar social e do ciclo de vida (desde o nascimento até à morte) e está relacionada com todos os aspectos da vida (ambiente familiar, escola, faculdade, trabalho e comunidade). O homem, juntamente com as necessidades fisiológicas, emocionais, éticas, religiosas, educativas e de orientação, tem uma vida saudável à luz da satisfação destas necessidades e do equilíbrio entre elas [1]. A saúde mental ajuda os estudantes a explorar o potencial das suas mentes e a atingir a aptidão psicológica. A relação entre a aptidão física e a saúde é agora algo que foi reconhecido e que medidas simples podem ser tomadas para que a aptidão física seja a causa. Quem tem saúde psicológica (saúde mental) é bom para alcançar a tranquilidade mental, portanto, quem tem paz mental não só em termos de melhor saúde mental, mas também física, é mais saudável do que os outros. [2]. O coping religioso, fontes religiosas como a oração e a prece, a

1. Professor Associado e Chefe do Departamento de Teologia Islâmica Faculdade de Medicina, Universidade de Ciências Médicas, ILAM, Irão
2 . Estudante de pós-graduação em psicologia clínica, Universidade de Ciências ILAM, Irão Autor correspondente
3 . Estudante de pós-graduação em psicologia geral, Departamento de Assistência Social do Estado da cidade de Susa na unidade de emergência social Irão
4 Estudante de pós-graduação em psicologia clínica, Universidade de Ciências ILAM, Irão

confiança e o apelo a Deus e ao tratamento utilizado. Descobertas recentes têm demonstrado que este tipo de lidar e uma fonte de apoio emocional e um meio de interpretação positiva dos acontecimentos da vida podem facilitar o lidar subsequente, pelo que a sua utilização pela maioria das pessoas torna-as saudáveis. O comportamento religioso tem um valor positivo na prática, aspectos significativos da vida. Comportamentos como a oração, a confiança em Deus, a peregrinação, etc., podem, através da esperança e do encorajamento de atitudes positivas, ser a causa da paz interior. A crença de que Deus é a posição de controlo e monitorização do seu culto, em grande medida, reduz a situação relacionada com a ansiedade. Por isso, a maioria das pessoas acredita que a sua relação com Deus é uma relação muito íntima com um amigo e que pode ser actualizada através de circunstâncias incontroláveis e que pode recorrer a Deus de forma controlada. Assim, há muito que se pensa que existe uma relação positiva entre a religião e a saúde mental e, recentemente, a psicologia da religião tem fornecido muito apoio empírico neste contexto [3]. Inteligência moral capacidade de reconhecer e distinguir o certo do errado. Por outras palavras, uma pessoa tem uma inteligência moral definida como uma convicção moral firme e forte e tem a capacidade de agir de forma correta e de se comportar com respeito. A investigação e a formação de investigadores e educadores mostram que as crianças que, por qualquer razão, não atingiram a inteligência moral estão expostas a riscos graves. Estas crianças, devido à sua consciência instável, à fraca inibição dos desejos, ao subdesenvolvimento da sensibilidade ética e a crenças como condutas impróprias, em grande parte em atraso moral e social e a adultos com personalidades anómalas e mal sucedidas, podem ser modificadas. A melhor altura para ensinar a Inteligência Moral das Crianças, o período neonatal até ao final da adolescência e atrasar os pais nesta área levando a uma potencial fraqueza nas crianças aprender virtudes morais e hábitos destrutivos são estabelecidos [4]. DABAGHI (2010) numa pesquisa, os resultados mostraram fé, espiritualidade, saúde, modificadores de comportamento como abuso de drogas e tabagismo tem uma relação negativa. Vários aspectos da fé com depressão, suicídio, mortalidade, expetativa de vida, satisfação conjugal, bem-estar, felicidade e melhorar a função imunológica estão relacionados. De acordo com descobertas recentes, as intervenções que combinam terapias espirituais, religiosas e psicológicas parecem poder prevenir e curar doenças mentais e efeitos físicos [5]. BALJANI, KHASHABI, AMANPOUR e AZIMI (2013) mostraram num estudo entre a saúde e a saúde religiosa (subescalas de saúde mental) e também entre a religião interior e as práticas religiosas (subgrupo da religião), com a esperança de que não foi encontrada nenhuma relação significativa. Os resultados deste estudo confirmam a importância da saúde mental, e da religião como variáveis eficazes na expetativa do cancro. Por isso, enfermeiros e clínicos recomendam que a religião e a saúde mental, a esperança têm de ser mantidas [6]. ESPLIKA et al (2010) outros investigadores que 36 estudo experimental de morte e conflito religioso foi sobre e concluiu que uma fé mais forte ou acreditar na vida após a morte com menos medo da morte está correlacionada. Também nestes estudos as pessoas com pontuações mais elevadas em medidas dentro da sua religião, temem menos, relataram a morte. Isto significa que, ao ultrapassar o medo da morte, causa, por isso, que as pessoas se sintam mais descontraídas nas suas vidas e, assim, a sua própria inquietação interior tenha melhor controlo [7]. Gartner (2011) no domínio da saúde mental e crenças religiosas seis artigos examinados e descobriu que em todos esses estudos as crenças religiosas e saúde mental há uma relação positiva [8]. Hardin (2009) examinou o casal conjugal é 64 e que a religião ajuste positivo e satisfação conjugal está relacionado acima. Ele também indicou que a religião é um fator importante na prevenção do divórcio [9]. Zuckerman et al (2012) a pesquisa relatou em pessoas mais velhas menor o índice de pontuação ganhou religiosidade a taxa de mortalidade foi de 42%, enquanto a taxa para o indicador de pessoas mais velhas eram muito religiosos 19% [10]. Meyer (2003) o papel da religião em lidar com um evento significativo da vida pode ser examinado. Com 124 pais, os seus filhos, devido à síndrome da morte súbita do lactente, foram entrevistados e descobriram que ser religioso facilita a aceitação desta crise. Além disso, o facto de ser religioso aumenta a saúde mental e reduz a angústia dos pais nos 18 meses que se seguem à morte da criança, o que constitui uma correlação direta [11]. ASGHARI E GHASEMIJOINEH (2013), que realizaram o estudo, os resultados indicam que, entre a inteligência ética e a satisfação conjugal, existe uma correlação positiva significativa (0,01> P). Também a orientação religiosa intrínseca e a satisfação conjugal apresentaram uma correlação positiva significativa (0,01>P). Os resultados da análise de regressão stepwise mostraram que a inteligência ética pode prever significativamente 0/23 da variância da satisfação conjugal [12]. MOUSAVI e TALEBZADEHNOBARIAN (2014) em uma pesquisa os resultados mostraram que, entre a inteligência espiritual dos alunos com saúde mental há uma relação negativa significativa. A inteligência espiritual dos estudantes com subescalas de saúde mental (depressão, ansiedade e insónia, disfunção social e sintomas físicos) têm uma correlação negativa significativa foi obtida [13].

Método

O objetivo do presente estudo é a aplicação do método da correlação cruzada. A população estatística deste estudo era constituída por todos os estudantes da Universidade Islâmica Azad do ILAM. Devido ao elevado volume de dados para determinar a dimensão da amostra, foi efectuado um estudo-piloto para estimar a variância da população, tendo a dimensão da amostra sido calculada utilizando a fórmula Cochran 250. Neste estudo, foi efectuada uma amostragem aleatória em vários estádios de diferentes grupos educativos, de modo a que, para cada departamento, o corpo docente fosse selecionado aleatoriamente e, para cada faculdade, alguns estudantes fossem selecionados aleatoriamente. No total, foram distribuídos 300 questionários, tendo sido recebidos 260 questionários preenchidos. Além disso, para recolher dados do questionário foi utilizado. **Questionário sobre as crenças religiosas:** Neste estudo, para avaliar a orientação religiosa, foi utilizado o questionário MALTABI (1991). Este questionário mediu três tipos de orientação religiosa: interna, externa, pessoal e social. A ferramenta utilizada para avaliar a direção da orientação interna (8 itens) orientação externa pessoal (4 itens) orientação social e externa (3 itens) existe. Para determinar a validade do questionário, foram utilizados peritos psicológicos e peritos do seminário e o questionário foi aplicado a 100 estudantes do ensino secundário e o coeficiente alfa de CRONBACH obtido é de 0/78. **Questionário Geral de Saúde:** O Questionário de Saúde Geral, um dos melhores instrumentos de rastreio, foi desenvolvido por Goldberg et al. em 1972. A escolha do Questionário de Saúde Espiritual (GHQ-28) é de 4 e os participantes responderam a cada pergunta numa escala de quatro pontos "fez o habitual mais do que o habitual mais do que o habitual" são especificados. Em todas as opções, os valores mais baixos indicam a segurança da saúde e os valores mais altos indicam a ausência ou a presença de perturbações nos indivíduos. Neste questionário, a escala de 4 e uma pontuação geral de saúde é feita cada subescala tem 7 perguntas. As questões 1 a 7 da escala de sintomas físicos (A) 8 a 14 questões relacionadas com a ansiedade (B) as questões 15 e 21 da escala de disfunção social

(C) 22 a 28 questões relacionadas com a Escala de Depressão (D) é. A fiabilidade do teste foi de 88% e a fiabilidade dos subtestes entre 50 e 81%, respetivamente. Dois critérios importantes para a validade dos questionários de rastreio são os seguintes: sensibilidade e especificidade. De acordo com Goldberg, uma meta-análise de 1988 sobre 43 estudos relativos à validade do GHQ-28 efectuados em todo o mundo mostra que a sensibilidade média do GHQ-28 era de 84% (intervalo de 77 a 89) e a especificidade média de 82% (intervalo de 78 a 85). TAGHAVI (2002) o método de fiabilidade "teste-reteste" do questionário 0/73 e o coeficiente de fiabilidade em pequena escala entre 0/57 e 0/68 alcançado. **Questionário de Inteligência Ética:** Este teste foi desenvolvido em 2005 por LENICK e Kiel. No Irão, foi padronizado por ARASTEH, AZIZI, SHAMAMI, JAAFARIRAD & MOHAMMADIJOZANI em 1390. Inventário A inteligência ética é a capacidade de utilizar a ética global, a moral, os objectivos e a interação de um indivíduo, é a regra. Na inteligência ética, a pontuação máxima é 100 e tem os seguintes subtestes. A validade da inteligência ética foi então calculada em 0/90 e a fiabilidade com o teste alfa de CRONBACH foi obtida em 0/88.

Quadro I. Dimensão e número de perguntas Inteligência ética

Dimensão	Número de perguntas
Ação baseada em princípios, valores e crenças	4, 14, 24 e 34
Veracidade	5, 15, 25 e 35
Perseverança e persistência no que é correto (defender a verdade)	6, 16, 26 e 36
Promessa cumprida	7, 17, 27 e 37
Responsabilidade pelas decisões pessoais	8, 18, 28 e 38
Admitir os erros e os fracassos	9, 19, 29 e 39
Responsabilidade de servir os outros	10, 20, 30 e 40
O interesse ativo das pessoas (do eu para os outros)	11, 21, 31 e 41
A capacidade de perdoar os seus erros	12, 22, 32 e 42
A capacidade de perdoar os erros dos outros.	13, 23, 33 e 43

Encontrar

Os resultados podem ser observados nos quadros seguintes.

Tabela 2: Valores médios e de desvio-padrão do questionário de orientação religiosa, inteligência Ética e saúde pública

	Variável	Média	desvio padrão
Saúde pública	Sintomas físicos	71/5	91/3
	Ansiedade e perturbações do sono	40/6	61/4
	Disfunções sociais	25/7	36/3

	Depressão grave	23/25	37/4
Orientação religiosa	Interno	25/10	4
	Pessoal exterior	20/6	3/2
	Social externo	40/5	5/2
Inteligência ética	-	33/16	2/7

Tabela 3. Coeficiente de correlação de Pearson entre as variáveis orientação religiosa e saúde pública

Correlação de Pearson	coeficientesN	DF	P
0/712	260	258	0/000

Quadro 4: Coeficiente de correlação de Pearson entre as variáveis orientação religiosa e inteligência ética

Correlação de Pearson	coeficientesN	DF	P
0/644	260	258	0/000

Quadro 5: Coeficiente de correlação de Pearson entre as variáveis Inteligência ética e saúde pública

Correlação de Pearson	coeficientesN	DF	P
0/832	260	258	0/000

Quadro 6: Coeficiente de correlação de Pearson entre as variáveis orientação religiosa, inteligência, ética e saúde pública

Taxas variáveis		saúde pública				orientação religiosa			Inteligência ética
		Simpósios de Física	Ansiedade e perturbações do sono	Disfunções sociais	Depressão grave	Interno al	Perso nal externo	Social externo	
público saúde	Físico sintoma s	1							
	Ansiedade e perturbações do sono	0/547	1						
	Disfunções	0/453	0/462	1					

	sociais								
	sobre								
	Depressão grave	0/651	0/711	0/629	1				
religioso	Interno	0/234	0/121	0/312	0/342	1			
orientação	Pessoal exterior	0/459	0/432	0/418	0/498	0/443	1		
	Social externo	0/564	0/541	0/598	0/612	0/567	0/613	1	
Inteligência ética	-	0/629	0/711	0/700	0/654	0/601	0/721	0/749	1

Discussão

Foram analisados 260 pacientes (140 do sexo feminino e 120 do sexo masculino). 93% dos inquiridos eram solteiros e 7% eram casados. A Tabela 2 mostra a média e o desvio padrão das pontuações dos inquiridos nos questionários de orientação religiosa, inteligência ética e saúde pública. A hipótese 1 afirma que existe uma relação significativa entre a orientação religiosa e a saúde pública na Universidade Azad de ILAM. O coeficiente de correlação foi calculado em 0/712 com 258 graus de liberdade a 95% e o nível de significância (α=0/05) é de. Como resultado, existe uma relação significativa entre a orientação religiosa e a saúde pública na Universidade Azad de ILAM. A hipótese 2 afirma que entre a orientação religiosa e a inteligência ética da Universidade Azad do ILAM existe uma relação significativa. Os coeficientes de correlação foram calculados, com graus de liberdade iguais a 0/644, 258 a 95% e o nível de significância (α=0/05) é. Como resultado, entre a orientação religiosa e a inteligência ética da Universidade Azad de ILAM existe uma relação significativa. A hipótese 3 afirma que existe uma relação significativa entre a inteligência ética e a saúde pública na Universidade Azad do ILAM. O coeficiente de correlação foi calculado em 0/832 com 258 graus de liberdade a 95% e o nível de significância (α=0/05) é. Consequentemente, a relação entre a inteligência moral e a saúde geral dos estudantes universitários do ILAM existe. Resultados A Tabela (6) mostra que, entre todos os factores de saúde pública, a orientação religiosa e a inteligência ética apresentam uma correlação significativa.

Conclusão

O principal objetivo deste estudo foi investigar a relação entre saúde pública, orientação religiosa e inteligência moral. Os resultados mostram que, de acordo com os resultados da investigação entre a orientação religiosa e a saúde pública da Universidade Azad de ILAM, existe uma relação significativa. Estes resultados, juntamente com os resultados de BALJANI, KHASHABI, AMANPOUR e AZIMI (2013) [6] e Meier (2003) [11], são consistentes. Os estudantes que têm uma orientação religiosa no Questionário de Saúde Geral obtêm pontuações mais elevadas em comparação com os estudantes cuja orientação religiosa é obtida e o facto de as pontuações elevadas nas escalas do questionário indicarem que a escala de deficiência, podemos dizer que os estudantes que têm uma filiação religiosa em comparação com os que não têm filiação religiosa gozam de melhor saúde. Também a orientação religiosa e a inteligência ética da Universidade Azad de ILAM têm uma relação significativa. Os resultados com ASGHARI e GASEMI JOBNEH (2014) [12] são consistentes. Na explicação para esta conclusão, pode notar-se que, de facto, a religião, como uma das questões fundamentais em todos os aspectos do impacto pessoal, social e humano, é inegável, mantendo um papel importante e fundamental na vida humana. Também a relação entre a inteligência moral e a saúde geral dos estudantes universitários do ILAM apresenta uma relação significativa. Com os resultados MOUSAVI e TALEBZADEH NOBARIAN (2014) [13] é consistente. Assim, a estrutura da inteligência espiritual, um fator crítico na saúde mental dos estudantes.

Desenvolver e reforçar a inteligência espiritual e a sua inclusão no programa oficial e os não estudantes, bem como a experiência e a prática da sua saúde mental espiritual podem melhorar.

Referências

1. LASHKARI, m. (2015). "Mental Health in Islam", Journal of Qazvin University of Medical Sciences and Health Services, n.º 24.

2. MOHAMMADI, D. MEHRABIZADEHHONARMAND, M. (2014). Relação entre atitude religiosa e controlo de posição e o papel do género, Journal of Psychological Research, Volume 9, Número 3 e 4, pp. 47-62.

3. DADFAR, M. (2013). Examinar o papel da religião nos processos de saúde mental e psicoterapia, fonte: Agência - Golfo.

4. Turner, N. Barling, J. (2002), "Transformational leadership and moral reasoning", Journal of Applied Psychology, 87(2), p.31-304.

5. DABAGHI, P. (2010). Examinar o papel da espiritualidade e da religião na saúde, No Departamento de Imunologia do Exército Aliado da República Islâmica do Irão, Número 1, pp. 4-1.

6. BALJANI, E. KHESHABI, J. AMANPOUR, E. AZIMI, N. (2013). Examinar a relação entre saúde espiritual, religião e esperança em pacientes com cancro, Faculdade de Enfermagem e Obstetrícia, Universidade de Ciências Médicas de Teerão (Vida), Volume 17, Número 3, pp. 37-27.

7. Spilka, B. Hood, J.R. Gorsuch, R. L. (2010). The psychology of religion: an empirical approach, Englewood Cliffs, NJ, Prentice Hall.

8. Gartner, J. (2011). Compromisso religioso, saúde mental e comportamento pró-social, Uma revisão da literatura empírica. Em E. P. Shafranske (Ed.), Religion and the clinical practice of psychology [A religião e a prática clínica da psicologia]. Washington, DC: American Psychological Association.

9. Hardin, R. (2009). The economics of religious belief, Journal of Institutional and Theoretical Economics 153, 259-278.

10. Zuckerman, D. M. Kasl, S. V. Ostfeld, A. M. (2012). Preditores psicossociais de mortalidade entre os idosos pobres, American Journal of Epidemiology, 119, 410-423.

11. Meier, A. M. (2003). Adolescents transition to first intercourse, religiosity, and attitudes about sex,

Social Forces, 81, 1031-1052

12. ASGHARI, F. GHASEMIJOINEH, R. (2014). A relação entre inteligência moral e orientação religiosa e satisfação conjugal em professores casados. Jornal de Aconselhamento e Terapia Familiar, 1.

Examinar o papel da orientação religiosa e da inteligência espiritual das mães na saúde mental dos adolescentes (Estudo de caso: alunos do ensino secundário ILAM)

SEYED RAHMATOLLAH MOUSAVIMOGHADAM[1] , SAMIREH ASILVANDI[2] , KAMARKHANI[3]

Resumo

Introdução: Os da Saúde Mental (Saúde Mental) Bem mental para alcançar a paz. Comportamentos e orientações religiosas através da criação e esperança de ter atitudes positivas o indivíduo paz interior e inteligência espiritual como a consciência da existência ou força para além dos aspectos materiais da vida.

Método: O método do presente estudo é descritivo e foi aplicada uma correlação. A investigação incluiu todos os estudantes do ensino secundário do ILAM, cujo número é de 4770 pessoas e 355 foram selecionados de acordo com Morgan. O instrumento de acumulação de dados (Questionário de orientação MATLEBI (1999), Escala de Inteligência Espiritual do Rei (SISRI- 24) e questionário de saúde mental) é. Os dados foram analisados com o software SPSS.

Discussão: Os resultados mostraram que as dimensões da religiosidade e da inteligência espiritual, bem como a saúde mental dos alunos da escola ILAM, têm um impacto positivo significativo.

Conclusão: Em geral, as pessoas que têm uma inteligência espiritual mais elevada, confrontadas com o stress da vida, têm uma maior adaptabilidade e capacidade de adaptação e, por conseguinte, menos problemas de saúde mental e outras consequências negativas da sua vida. Em geral, a inteligência espiritual, os acontecimentos e as consequências da vida.

Palavras-chave: orientação religiosa, inteligência espiritual, saúde mental.

Introdução

Um dos fenómenos naturais observados em todas as estruturas das sociedades humanas é a diferença entre um sistema educativo saudável, humano e eficiente e as diferenças na gama de capacidades e caraterísticas que recebe e percebe. Mas o que é mais importante é o estudo das ciências humanas, especialmente no domínio psicológico, para explorar os problemas relacionados com a saúde mental e o ambiente amigável, disposto a necessidade de uma sociedade saudável em que todos os membros de uma sociedade relaxem e tenham segurança. Como nos últimos anos, a questão da saúde mental e da inteligência espiritual e os aspectos relacionados com a sua importância, não só entre especialistas e políticos, mas também entre diferentes grupos de pessoas, tem vindo a ser encontrada. As práticas religiosas, ao abordarem as questões significativas da vida, têm valores positivos, comportamentos como o culto, a confiança em Deus, a esperança e o encorajamento de

1. Professor Associado e Chefe do Departamento de Teologia Islâmica Faculdade de Medicina, Universidade de Ciências Médicas, ILAM, Irão
2 . Estudante de pós-graduação em psicologia geral, Universidade de Ciências ILAM, Irão Autor correspondente
3 . Estudante de pós-graduação em psicologia geral, Universidade de Ciências ILAM, Irão

uma atitude positiva em situações de stress, provocando-lhes a paz interior [1]. A saúde mental é a ciência do bem-estar social e do ciclo de vida (desde o nascimento até à morte) e está relacionada com todos os aspectos da vida (ambiente familiar, escola, faculdade, trabalho e comunidade). O homem, juntamente com as necessidades fisiológicas, emocionais, éticas, religiosas, educativas e de orientação, tem uma vida saudável à luz da satisfação destas necessidades e do equilíbrio entre elas [2]. A saúde mental ajuda os estudantes a explorar o potencial das suas mentes e a atingir a aptidão psicológica. A relação entre a aptidão física e a saúde é agora algo que foi reconhecido e que medidas simples podem ser tomadas para que a aptidão física seja a causa. Quem tem saúde psicológica (saúde mental) é bom para alcançar a tranquilidade mental, portanto, quem tem paz mental não só em termos de melhor saúde mental, mas também física, é mais saudável do que os outros. [3]. Os comportamentos e as orientações religiosas através da criação e da esperança de ter atitudes positivas conduzem à paz interior [4]. A crença de que existe um Deus que controla a situação reduz em grande medida a ansiedade associada às situações, pelo que muitas vezes o fiel descreve a sua relação com Deus como uma relação íntima com um amigo e que através da autossuficiência e do recurso a Deus pode controlar situações imparáveis. É por isso que se diz que a religião pode ser uma forma eficaz de fazer face a processos activos [5]. A Inteligência Espiritual, tal como é conhecida, ou uma força que ultrapassa os aspectos materiais da vida e um profundo sentido de unidade ou de ligação, cria o universo, pensamentos positivos e robustez, ambos componentes da espiritualidade e da saúde mental e resistência ao stress estão relacionados. O fulcro espiritual pode ter impacto no choque do stress. Ter uma orientação espiritual para a vida inconsistente e comportamento inadequado, pessoal, social e preventivo. A orientação para os conceitos fundamentais da religião e da vida, orientada para a experiência, a satisfação e a integridade conduzirão ao carácter. Wilbur espiritualidade o maior crescimento de todas as linhas de alho e sabe que ele é o estado espiritual, como o amor que a pessoa pode em qualquer fase que é [6]. O papel da espiritualidade na promoção da paz, da saúde e da saúde mental, incluindo o seu impacto na redução das perturbações mentais e das anomalias sociais, levou ao crescimento e desenvolvimento da psicologia da religião e da espiritualidade em diferentes dimensões. Face à atenção e interesse dos psicólogos no domínio da espiritualidade e da saúde mental e ao desenvolvimento de uma vasta investigação neste domínio, os investigadores procuram definir e identificar novos conceitos associados à espiritualidade e à saúde mental [7]. Basicamente, a premissa da Saúde Mental sem a espiritualidade religiosa e a sabedoria espiritual é impossível e da antropologia é fio dental. Casa de Saúde Mental a níveis metafisiológicos uma religião monoteísta, misticismo fraco e frágil [9].

DABIRIAN et al (2014) num estudo em que se comparou a inteligência espiritual e a saúde mental de mães e filhos surdos, cegos e normais com os resultados alcançados a inteligência espiritual e a saúde mental de crianças nascidas surdas, cegas e normais diferem significativamente e a inteligência espiritual pode prever a saúde mental destas mulheres [6]. HASSANPOUR et al (2013) num estudo intitulado relação do apego a Deus e saúde mental em pais de crianças sobredotadas e normais HAMEDAN ano académico 2009-2010 os resultados alcançados que o apego a Deus e saúde mental dos pais de crianças sobredotadas e normais existe uma relação significativa. Assim, recomenda-se que se reduza o stress entre os pais de crianças sobredotadas e se promova a saúde mental dos pais, para que estes tendam a ter fé e confiança em Deus [9]. SEIFNARAGHI & NADERI (2003) acreditam que a criança, pai ou mãe, em qualquer idade e condição, o resultado é um momento de stress, por exemplo, jovens casais entre si, uma vez que eles não têm conhecimento suficiente e eles ainda são um pouco estranho, estranho aparecimento de um terceiro, chamado as peças questões especiais, tais como nutrição, cuidados, enfermagem e similares um monte de pressão para impor seus pais se a situação com graça e tato para lidar com evitar a possibilidade de desintegração da vida nascente como ele é. No entanto, se a criança nasce excecional dureza e pressão condições excesso [10]. Gartner (2011) no domínio da saúde mental e crenças religiosas seis artigos examinados e descobriu que em todos esses estudos as crenças religiosas e saúde mental há uma relação positiva [11]. MOUSAVI e TALEBZADEHNOBARIAN (2014) em uma pesquisa os resultados mostraram que, entre a inteligência espiritual dos alunos com saúde mental há uma relação negativa significativa. A inteligência espiritual dos estudantes com subescalas de saúde mental (depressão, ansiedade e insónia, disfunção social e sintomas físicos) têm uma correlação negativa significativa foi obtida [12].

O objetivo do estudo foi investigar o papel da orientação religiosa, da inteligência espiritual e da saúde mental materna dos adolescentes (Estudo de caso: alunos do ensino secundário do ILAM).

Método

O método do presente estudo é descritivo e foi aplicada uma correlação. A população consistiu em todos os estudantes do ensino secundário na cidade de ILAM, onde cerca de 4770 pessoas estão a usar Morgan tamanho estimado da amostra é de 355. Os instrumentos de recolha de dados, neste estudo, são compostos por três questionários: **orientação religiosa Questionário MALTEBI (1999):** O questionário três orientação religiosa de interior, exterior e pessoal e social medida exterior neste estudo dos 15 itens foi usado. **Escala de Inteligência Espiritual de King (SISRI- 24):** Este questionário, que foi construído por KINGDER 2007 é um 24-item, 4 subescalas, incluindo a existência de pensamento crítico criando consciência pessoal, transcendental significativa e a expansão da consciência é transcendental. Este questionário baseia-se numa escala LI de 5 opções a preencher. As pontuações desta escala podem variar entre zero e 96. As pontuações elevadas indicam uma inteligência espiritual elevada ou a existência dessa capacidade. **Questionário de saúde mental:** Este teste é composto por 90 perguntas, as respostas a cada uma das matérias do teste numa escala de 5 pontos de "não" a "fortemente", o desconforto, especifica. 90 O artigo 9 do teste mede, nomeadamente SOMATIZAÇÃO obsessivo-compulsiva, sensibilidade interpessoal, depressão, ansiedade, hostilidade, ansiedade fóbica, ideação paranoica e PSICOTICISMO, pontuações elevadas nesta escala indicam que a falta de saúde mental é pessoal.

Os dados da presente investigação foram analisados através do software SPSS.

Encontrar

Os resultados podem ser observados nos quadros seguintes.

Tabela 1. Estatísticas relativas à fiabilidade (alfa de CRONBACH)

Variáveis	Número de itens	Coeficiente alfa de CRONBACH
Inteligência espiritual	24	752%

Orientação religiosa	15	745%
Saúde mental	90	85%
Inventário total	129	86%

Tabela 2: Os resultados do teste são variáveis normais

	Orientação religiosa	Pensar, apesar das críticas	Criar um significado pessoal	Consciência Transcendental	Expansão da Consciência Transcendental	Saúde mental
Valor Ks	0/35	1/65	1/002	1/115	1/22	1/012
sig	0/112	0/235	0/127	0/257	0/347	0/387
Confirmar hipótese	a H0	H0	H0	H0	H0	H0
Resultados	Normal	Normal	Normal	Normal	Normal	Normal

Tabela 3: Resultados da análise de variância da regressão múltipla para prever a saúde mental com base na orientação religiosa das mães

Modelo	SS	DF	EM	F	P	R	R2	ADJ.R2	SE
Regressão	1415/836	1	1415/836	74/026	0/000	0/752	0/565	0/557	4/37336
restantes	1090/198	353	19/126						
Total	2506/034	354							

Quadro 4: Resultados da análise de variância da regressão múltipla para prever a saúde mental com base na Inteligência Espiritual das mães

Modelo	SS	DF	EM	F	P	R	R2	ADJ.R2	SE
Regressão	1093/764	1	1093/764	44/741	0/000	0/660	0/435	0/426	0/94432
restantes	1417/886	353	24/446						
Total	2511/650	354							

Discussão

No quadro 1 são apresentados os resultados do presente estudo alfa de CRONBACH para os questionários. Na Tabela 2, os resultados são variáveis normais todas as variáveis são normais. De acordo com o Quadro 4, se o erro for superior ao nível de significância (0,05), a hipótese nula deve ser concluída e, se o nível de significância do valor do erro (0,05) for inferior, a hipótese deve ser concluída. Para além disso, de acordo com o teorema do limite central, uma vez que a dimensão da amostra é superior a 30, pode ser assumida a hipótese de distribuição normal e, por conseguinte, foram utilizados testes paramétricos. Como derivado das Tabelas 1 e 2, bem como o nível de erro de regressão inferior a quinhentos (P≤0 / 005) é significativo e isso sugere que a saúde mental é explicada por um ou mais dos preditores é. **Conclusão**

Os resultados mostraram que as mães que têm uma visão espiritual da vida procuram valores divinos, têm uma atitude positiva, uma mente aberta e são flexíveis. O culto, a oração, a fé e as experiências espirituais são soluções para os problemas e dificuldades da vida. As consequências da inteligência espiritual, a capacidade de manter a calma, reduzir a ansiedade, concentrar-se na crise, lidar eficazmente com os doentes e perdoar e um sentido de compaixão pelos outros A história da investigação sobre a inteligência mostrou que o sucesso da vida pessoal e social de uma pessoa não depende apenas do QS, mas também de outros factores da personalidade. Esta ideia do conceito de inteligência, factores sociais, emocionais, cognitivos e espirituais é aceite por muitos investigadores e a inteligência espiritual, uma nova estrutura para completar a visão tradicional da Inteligência com ênfase no papel participativo da componente espiritual para o comportamento inteligente, tem sido proposta. Os resultados do presente estudo, os resultados DABIRIAN et al (2014) [6],

HASSANPOUR et al (2013) [9] e SEIFNARAGHI & NADERI (2003) [10] é consistente. O estudo mostra que, em geral, as pessoas que têm uma inteligência espiritual mais elevada enfrentam o stress da vida com uma maior adaptabilidade e capacidade de serem mais elevadas e, por conseguinte, menos problemas de saúde mental e outras consequências negativas da sua vida. Em geral, a inteligência espiritual é um fator de adaptabilidade e de capacidade de adaptação.

Referências

1. SHAKERINIA, E. (2002). A influência das crenças religiosas na saúde mental, uma revista mensal, educação, ligação à formação, n.º 257.

2. LASHKARI, m. (2015). "Mental Health in Islam", Journal of Qazvin University of Medical Sciences and Health Services, n.º 24.

3. MOHAMMADI, D. MEHRABIZADEHHONARMAND, M. (2014). Relação entre atitude religiosa e controlo de posição e o papel do género, Journal of Psychological Research, Volume 9, Número 3 e 4, pp. 47-62.

4. TYLOR, S. (1995). Psicologia da saúde. mcgraw-hillco.22-48-564

5. SAYNDER, C.R. (2001). Coping with STERESS. oxford university press.68-564

6. DABIRIAN, P. MAHMOUDI, GH.R. VATANKHAH, H.R. (2014). Comparando inteligência espiritual e saúde mental de mães de crianças com surdez, cegueira e normal. Revista de Educação, Vol. XIII, 2014, N 3, linha 116.

7. AZHDARIFARD, P.S. GHAZI, GH. NOURANIPOUR. R.A. (2011). O efeito do misticismo e da espiritualidade na saúde mental dos estudantes. Novas ideias trimestrais em educação. 2, 5, 128-105.

8. TAHERIPOUR.A.R. (2008). Psicologia da Religião e Mundo nostálgico. Data persa ABAN 16, 2008. Do sítio Web do Sol. www.aftabir.com

9. HASSANPOUR, A. SEIFNARAGHI, M. GHAREHKHANI, A. JAFARI, M. (2013). Verificar a relação de apego a Deus e a saúde mental dos pais de crianças sobredotadas e normais HAMEDAN 2009-2010 ano letivo.

10. SEiFNARAGHi, M. NADERi, E.A. (2003). Stress e pais de crianças sobredotadas, Journal of Education, 11 e 10.

11. Gartner, J. (2011). Religious commitment, mental health, and Prosocial behavior, A review of the empirical literature. in E. P. Shafranske (Ed.), Religion and the clinical practice of psychology. Washington, DC: American Psychological Association.

12. MOUSAVi, H. TALEBZADEHNOBARiAN, M. (2014). Examinar a relação entre inteligência espiritual e saúde mental. Primeira Conferência Nacional sobre Determinantes Sociais da Saúde Universidade de Teerão.

A relação entre a orientação religiosa, os traços de personalidade e o bem-estar espiritual e a qualidade de vida dos estudantes

DOCTOR SAYYED RAHMATOLLAH MOUSAVIMOGHADAM[1] , FARZANEH BAGHERI[2] , NEDAZAHIRIKHAH[3]

Resumo

Antecedentes: Hoje em dia, o controlo comportamental e as questões morais associadas a outras componentes psicológicas suscitam um interesse crescente entre os cientistas.

Objetivo: O objetivo deste estudo é determinar se existe uma relação entre a orientação religiosa, os traços de personalidade e o bem-estar espiritual e a qualidade de vida dos estudantes?

Métodos: A amostra do estudo foi constituída por todos os alunos da escola de ciências PNU ABDANAN 93-1392 (104 = N). Destes, 86 foram selecionados aleatoriamente com base numa fórmula Morgan. Para recolher os dados do ALLPORT Religious Orientation Inventory, o NEO Personality Inventory, a saúde espiritual e a qualidade de vida foram utilizados PALUTZINE e Ellison. Os dados obtidos através do coeficiente de correlação de Pearson e da regressão são analisados com recurso ao SPSS 16 SPSS.

Resultados: Os resultados mostraram que a orientação religiosa intrínseca, traços de personalidade de extroversão, empirismo, busca de consenso, conscienciosidade e saúde espiritual, qualidade de vida e uma relação positiva significativa entre a orientação religiosa extrínseca e Neuroticismo foi uma relação negativa significativa com a qualidade de vida Sim (0/01 ≤ P). Os resultados das análises de regressão indicaram que a orientação religiosa, a procura de consenso, a conscienciosidade e a saúde espiritual dos estudantes universitários parecem ser preditores significativos da qualidade de vida (0/01 ≤ P).

Conclusões: Os resultados reforçam a importância da espiritualidade como um fator que influencia a qualidade de vida realizada. A relação observada entre a qualidade de vida e o carácter, isto mostra que os indivíduos com maior qualidade de vida podem ser mais saudáveis e mais bem sucedidos a estabelecer relações interpessoais e a atrair outros para se satisfazerem.

Palavras-chave: orientação religiosa, traços de personalidade, saúde espiritual, qualidade de vida.

Antecedentes

Nos últimos anos, tem-se assistido a um interesse crescente pelas questões religiosas/espirituais no domínio da psicologia e da psicoterapia [1]. As investigações mostram que as crenças e a mistura cultural das obrigações

1 . Membro do corpo docente da Faculdade de Medicina da Universidade de Ciências Médicas do ILAM e diretor da Educação Islâmica, ILAM, Irão

2 . Estudante de pós-graduação, Secção de Ciência e Investigação, Universidade Islâmica Azad, ILAM, Irão (* Autor correspondente) baghribabk@yahoo.com

3 . Estudante de Mestrado em Psicologia Educacional, Secção de Ciência e Investigação, Universidade Islâmica Azad, Ahvaz, Irão nedazahirikhah@gmail.com

espirituais têm resultados positivos, tais como a saúde física e mental, o desempenho ótimo e uma melhor qualidade de vida na comunicação interpessoal [2]. A religião pode servir como um princípio unificador e uma força útil para a saúde mental. A visão de ALLPORT da orientação religiosa como "interior" e "exterior" são. A orientação religiosa interior, a fé em si mesma como valor transcendente, é considerada e, motivada por um compromisso com um objetivo inclusivo, mais do que um meio para atingir os objectivos pretendidos. No entanto, a orientação religiosa exterior, a religião, matéria estranha e ferramentas para satisfazer as necessidades individuais, incluindo funcionários e segurança pode ser usado, Em outras palavras, a religião é para a segurança e status social E os indivíduos que têm a mesma orientação, a religião como um meio para alcançar a sua Necessidade de uso [3]. Em vários estudos foi investigada a relação entre a espiritualidade e a qualidade de vida. SAVATZIKI e et al mostraram, num estudo meta-analítico, que a espiritualidade está associada à qualidade de vida [4]. ZULIG, WARD e Hamm (2006) afirmaram que estudos anteriores mostram que a religião e a espiritualidade têm um efeito positivo na qualidade de vida de forma significativa [5]. ABDOLKHALEQ (2010), numa investigação, mostrou que existe uma relação positiva entre a qualidade de vida, o bem-estar subjetivo e a religiosidade dos estudantes muçulmanos. Ele afirmou que mesmo como um elemento essencial da fé envolvida na vida do estudante é considerado [6]. KUEING (2007), numa investigação, demonstrou que a saúde física e mental do ser humano tem uma relação positiva com a sua vida espiritual e que os indivíduos que têm fortes crenças religiosas se adaptam melhor às situações da vida [7]. Arian et al (2008) também mostraram uma relação direta entre Deus e a sensação de que existe um conforto psicológico significativo. [8]. VIDIGR (2005) também verificou os factores que afectam a qualidade de vida dos indivíduos e demonstrou que a personalidade pode ser o fator mais importante que afecta a adaptação, a saúde e a qualidade de vida [9]. A personalidade de cada pessoa, as suas principais dimensões da estrutura psicológica, ajuda a moldar a sua vida [10]. Uma das teorias mais eficazes e mais abrangentes propostas sobre as personagens, a Teoria dos Cinco Factores de Costa & McCrae. De acordo com este ponto de vista, o carácter tem uma estrutura hierárquica com cinco componentes principais de ordem mais elevada e os caracteres de classe inferior ou de redução. Os cinco principais caracteres, incluindo a orientação neurótica, a orientação para o exterior, a flexibilidade de experiências, a agradabilidade e a conscienciosidade, são NEUROTICISMO é a tendência para sentir ansiedade, stress, auto-dominação, hostilidade, impulsividade, baixo nível superior, pensamentos irracionais, depressão e baixa autoestima. A extroversão tende a ser positiva, a determinação, o impulso, a compaixão e o ser social. A curiosidade desejava experimentar a flexibilidade. O Desempenho, a sabedoria, a flexibilidade, a abertura de espírito e a inovação. A Amabilidade deseja o perdão, a bondade, a generosidade, a confiança, a compaixão, a obediência e a lealdade. A conscienciosidade tende a ser organizada, eficiente, fiável, auto-controlo, orientada para a realização, orientada para a lógica e meditativa [11]. Os resultados dos estudos de HAMID e ZEMESTANI (2013) constataram que entre a inteligência espiritual e as caraterísticas de personalidade e qualidade de vida há múltiplas relações, positivas e estatisticamente significativas. A inteligência espiritual é a que apresenta maior relação positiva com a qualidade de vida. Além disso, o NEUROTICISMO é a relação mais negativa com a qualidade de vida e as caraterísticas da personalidade de neuroticismo, agradabilidade e conscienciosidade são a maior contribuição na explicação da qualidade de vida [12]. Nasr ESFAHANI e ETEMADI (2012) também em pesquisa mostraram que a qualidade de vida das dimensões da personalidade extroversão, agradabilidade, conscienciosidade, e experimentou uma correlação positiva significativa com NEUROTICISMO tendo uma correlação negativa significativa [13]. Outra variável examinada neste estudo é a saúde espiritual. A saúde espiritual é um aspeto importante da saúde humana. A relação espiritual geral bem integrada entre as forças internas proporciona caraterísticas de estabilidade numa vida de paz, harmonia e harmonia,

A saúde espiritual é determinada pela integridade do indivíduo [14]. A saúde espiritual é determinada pela integridade de um indivíduo [14]. E engloba tanto o existencial como o religioso. Define-se o bem-estar religioso, a satisfação e o bem-estar resultantes do contacto com um poder superior para tentar compreender o significado e a finalidade da vida. [Os resultados dos estudos de ALLAH BAKHSHIAN, JAFARPURAPURALAVI, PARVIZI e HAQQANI (2010) sugerem que a dimensão religiosa da saúde espiritual e da qualidade de vida está significativamente associada ao aspeto mental [16]. Os resultados da investigação de ASGARI (2013) sugerem que as crenças religiosas e a saúde espiritual são preditores de otimismo nos estudantes, respetivamente [17]. ASARUDI (2013) numa pesquisa mostrou que a saúde espiritual das várias dimensões da qualidade de vida estão positivamente correlacionadas [17]. JADIDI, FARAHANI NIA, John MOHAMMADI e HAQQANI (2011) mostraram que a saúde espiritual tem uma correlação significativa com a qualidade de vida [18]. Os resultados da pesquisa de O'Connor, Andrew e Lauren (2007) também indicaram um impacto positivo na qualidade de vida em pacientes leucêmicos que tinham saúde espiritual [19]. STUCKI (2001) também em pesquisa demonstrou que a espiritualidade é de grande relevância para a saúde geral do indivíduo; de modo que a religião e a espiritualidade são consideradas como um importante recurso para lidar com eventos estressantes da vida [20].

De acordo com o material no domínio da orientação religiosa, dos traços de personalidade, da saúde espiritual e da qualidade de vida, e dado que o grupo privilegiado de estudantes de cada país é o resto da população, estes indivíduos foram selecionados para o nosso estudo. Além disso, dado que o estudo dos factores que afectam a qualidade de vida, é dada menos importância ao papel e às dimensões da personalidade. Por conseguinte, o presente estudo teve por objetivo determinar a relação entre a orientação religiosa, os traços de personalidade e o bem-estar espiritual e a qualidade de vida dos estudantes universitários.

Métodos

Este estudo é descritivo e de tipo correlacional. Neste estudo, a orientação religiosa, os traços de personalidade e a saúde espiritual são variáveis preditoras e as variáveis critério são consideradas como qualidade de vida. A população estatística do estudo foi constituída por todos os estudantes de ciências básicas da Universidade PAYAM NOOR ABDANAN, no ano letivo de 93-1392 (104 pessoas). Entre estes 86 pacientes, selecionados aleatoriamente com base numa fórmula Morgan. Os instrumentos utilizados neste estudo foram: ALLPORT de orientações religiosas: O questionário tinha 20 artigos, 11 dos quais, a orientação religiosa externa, e 9 da orientação religiosa interna, estavam relacionados. No material de construção do FEGIN versão 21 de 1963 foram selecionadas todas as opções do questionário ALLPORT. E, para além disso, uma outra opção, acrescentou-se também que esta opção está altamente correlacionada (0/61) com a orientação externa. E desde então foi utilizado outro questionário. De acordo com o ALLPORT, foi investigada a correlação entre a orientação religiosa interna e a orientação religiosa externa (-0/21), respetivamente. Numa série de outros estudos, incluindo estudos FIGIN correlações, orientação religiosa, interna e externa, foram -0/21. Além disso, a validade do questionário, por Big John (1992) usando o alfa de CRONBACH 0/74 e pelo MOKHTARI ALLAHYARI e RASOOLZADEH TABATABAEI (2001), 0/71 foi relatada. Forma curta do Inventário de Personalidade NEO (60 - NEO-FFI): O questionário incluía 60 perguntas que foram construídas pela primeira vez em 1985 e revistas em 1991. O Inventário de Personalidade NEO, cinco factores principais de personalidade (neuroticismo, extroversão, experiência, procura de acordo, conscienciosidade) e seis propriedades em cada fator mede. A questão de escala em um LIKERT cinco-partes, de zero a quatro classificação e cada fator com 12 itens, uma pontuação de zero a 48. A sua validade de escala e intervalo de recuperação de três meses entre 0/75 e 0/83 é obtida [21]. Para avaliar a validade de critério, foi utilizado o teste de correlação entre as duas formas de auto-relato e a forma do observador, com coeficientes entre 0/45 e 0/66, respetivamente, e para avaliar o teste de fiabilidade, foi utilizado o coeficiente alfa, com coeficientes entre 56/0 e 0/87 [22]. Na investigação, foram relatados coeficientes de homogeneidade interna para cada um dos factores, respetivamente, 0/86, 0/73, 0/56, 0/68, 0/87 [23]. Questionário de Saúde Espiritual, Ellison e PULUTZIN: Este questionário tem 20 itens, dos quais 10 itens relacionados com a saúde religiosa e 10 com a saúde do ser. A pontuação da Saúde Espiritual é a soma desses dois subgrupos que variam de 120 a 20, foram considerados. As perguntas variam, como escala LIKERT de 6 itens incluem: As opções discordar totalmente, discordar, discordar um pouco, concordar um pouco, concordar e concordar fortemente são classificadas. No final, a saúde espiritual é classificada em três níveis: baixo (40-20), médio (99-41) e alto (120-100) [24]. O coeficiente alfa de CRONBACH para a fiabilidade deste instrumento por ABBASI e et al (0/87= a) foi definido em [18]. Questionário de Qualidade de Vida (SFI 36): O questionário é organizado pelo International Quality of LIFES made, inclui 36 questões é em dois âmbito físico e psicológico que oito subescalas relacionadas com a saúde, vai medir: Função física, papel físico, dor corporal, funcionamento social, papel do emocional, saúde geral, vitalidade e saúde mental. Cada subescala contém 2 a 10 perguntas. Este teste é graduado de zero a cem, e as pontuações mais elevadas indicam uma melhor qualidade de vida. Este questionário tem elevada validade e fiabilidade. A validade e a fiabilidade foram avaliadas pela primeira vez no Irão por MONTAZARI e et al., que avaliaram 4163 indivíduos com 15 anos ou mais, a maioria dos quais casados. Coeficiente de fiabilidade em oito dimensões 0/77 a 0/95, com exceção da vitalidade, 0/65, respetivamente. No total, os resultados indicam que a versão iraniana do questionário, com elevada validade e fiabilidade para medir a qualidade de vida da população em geral, é um instrumento adequado [25]. Para analisar os dados no estudo dos indicadores e métodos estatísticos, tais como a média, o desvio-padrão, a correlação de Pearson e a análise de regressão por etapas, utilizou-se o software spss-16.

Resultados

O quadro seguinte mostra as pontuações médias e o desvio-padrão, a hipótese comprovada de qualidade de vida, carácter e saúde espiritual dos estudantes é apresentada.

Tabela 1: Dados descritivos das variáveis de investigação

variável	Média	Desvio padrão
Qualidade de vida	83/52	26/34
orientação religiosa interna	29/13	9/01
Orientação religiosa externa	27/02	11/08
Neuroticismo	51/35	10/11
Extroversão	29/84	8/86
experiência	34/96	10/08
procura de acordo	31/76	7/93
Conscienciosidade	31/91	9/54
Saúde espiritual	91/07	22/12

Tabela 2: Resultados da correlação de Pearson entre orientação religiosa, traços de personalidade, saúde espiritual e qualidade de vida

variável	1	2	3	4	5	6	7	8	9
Qualidade de vida	1								
religioso interno orientação	0/74**	1							
Religioso externo orientação	-0/69**	-0/60**	1						
Neuroticismo	-0/35**	-0/45	0/17	1		1			
Extroversão	0/49**	0/47**	-0/36**	-0/71**	1				
experiência	0/56**	0/54**	-0/42**	-0/69**	0/81**	1			
procura de acordo	0/57**	0/48**	-0/29**	-0/25**	0/47 **	0/63 **	1		
Conscienciosidade	0/59**	0/52**	-0/36 **	-0/75 **	0/84 **	0/85 **	0/50 **	1	
Saúde espiritual	0/79**	0/58 **	-0/69 **	-0/33 **	0/47 **	0/42 **	0/20 **	0/50 **	1

$P \leq 0/01$**

Tabela 3: Resultados da regressão stepwise dos betas calculados para o escore de qualidade de vida em função da orientação religiosa

Modelos	Variável preditiva	Resíduos de regressão	Índices						
			Ss	df	EM	F	P	R	R^2
Passo 1	orientação religiosa interna		31763/190	1	31763/190	99/010	0/0001	0/742	0/550

Modelos	Variável preditiva	Resíduos de regressão	Ss	df	EM	F	P	R	R²
			25985/436	81	320/808				
Passo 2	Orientação religiosa externa	Resíduos de regressão	37462/559	2	18731/279	73/869	0/0001	0/805	0/649
			20286/068	80	253/576				

variável	Coeficiente B	Erro padrão	Coeficiente beta		P
Constante	62/456	12/434	5/023		0/0001
orientação religiosa interna	1/625	0/267	0/505	6/082	0/0001
Orientação religiosa externa	-1/036	0/218	-0/393	-4/741	0/0001

Tabela 4: Resultados da regressão stepwise dos betas calculados com base nas caraterísticas de qualidade

Modelos	Variável preditiva	Resíduos de regressão	Índices						
			Ss	df	EM	F	P	R	R²
Passo 1	Conscienciosidade		19453/030	1	19453/030	42/046	0/0001	0/589	0/347
			36549/859	79	462/656				
Passo 2	procura de acordo	Resíduos de regressão	25330/957	2	12665/478	32/209	0/0001	0/452	0/649
			30671/932	78	393/230				

variável	Coeficiente B	Erro padrão	Coeficiente beta	t	P
Constante	10/324	9/616		1/074	0/286
Conscienciosidade	1/087	0/266	0/398	4/094	0/0001
procura de acordo	1/241	0/321	0/376	3/866	0/0001

Tabela 5: Resultados da regressão linear simples dos betas calculados para o escore de qualidade de vida, com base na saúde espiritual

Variável preditiva		Índices				
		Ss	df	MSFP	R	R²
Saúde espiritual	Regressão	35330/135	1	35330/135132/1780/001	0/786	0/617
	resíduos	21918/008	82	267/293		

variável	Coeficiente B	Erro padrão	Coeficiente beta	t	P
Constante	-0/723	7/600		-0/095	0/924
Saúde espiritual	0/933	0/081	0/786	11/497	0/001

Discussão

Como se pode ver na Tabela 1, os alunos, a média (DP) da qualidade de vida é de 52/83 (26/34), orientação religiosa interna 29/13 (9/01), orientação religiosa externa 02/27 (11/08), neuroticismo 35/51 (10/11), extroversão e 29/84 (8/86), a experiência de tomar 34/96 (10/08), procura de consenso 31/76 (7/93), conscienciosidade 31/91 (9/54) e espiritualidade 91/07 (22/12). Como mostra a Tabela 2, os coeficientes de correlação e os níveis de significância, a orientação religiosa intrínseca (0/74=r), as caraterísticas de personalidade de extroversão (0/49=r), a experiência de tomada (0/56= r), a procura de consenso (0/57= r), conscienciosidade (59/0=r) e Bem-estar espiritual (0/79=r) qualidade de vida, uma correlação positiva significativa, e orientação religiosa extrínseca (-0/69=r) e Neuroticismo (35/0- = r) qualidade de vida, relação é significativamente negativa (p≤0/01). Os resultados da regressão stepwise na Tabela 3 mostram que os alunos predizem a qualidade de vida com base na orientação religiosa, a orientação religiosa interna e externa é significativa. (p ≤ 0/001 , 869/73=F). Estas variáveis permitem prever 65% da qualidade de vida (0/649 = R^2). Coeficiente de impacto, orientação religiosa intrínseca e orientação religiosa extrínseca, respetivamente (1/625=B e -1/036=B) é; Assim, de acordo com estes resultados de orientação religiosa interna e externa, orientação religiosa, a vida do estudante pode ser esperado. Em resposta à pergunta sobre qual a maior percentagem da variância na qualidade de vida, a análise de regressão múltipla Stepwise mostrou que a orientação religiosa intrínseca, 55% (0/550 =R^2) da variância na qualidade de vida dos estudantes, o que pode explicar. Os resultados da regressão stepwise na Tabela 4 mostram que a qualidade de vida prevista com base nos traços de personalidade conscienciosidade e estudantes que procuram consenso é significativa. (p ≤ 0/001, 209/32 = F). Estas variáveis representam 45% da qualidade de vida previsível (0/452 =R^2). Coeficiente de impacto, conscienciosidade e concordância - Ordem de poupança (1/087 = B e -1/241 = B) é; Assim, de acordo com estes resultados da personalidade dos alunos, conscienciosidade, e um acordo é esperado para salvar a qualidade de suas vidas. Em resposta à questão da personalidade dos estudantes, que prevê uma maior percentagem da variância na qualidade de vida, a análise de regressão múltipla Stepwise mostrou que a conscienciosidade 59% (0/589 = R^2) da variância é explicada pela qualidade das suas vidas. Os resultados da regressão linear simples na Tabela 5 mostram que a previsão da qualidade de vida com base na saúde espiritual é significativa (p ≤ 0/001, 178/132 = F). A variável qualidade de vida em 62% do previsto (0/617 = R^2). Coeficiente de impacto espiritual, (0/933 =B) é; Assim, de acordo com estes resultados de saúde espiritual, qualidade de vida prevê estudantes.

Conclusões

O objetivo deste estudo foi investigar a relação entre a orientação religiosa, os traços de personalidade e o bem-estar espiritual e a qualidade de vida dos estudantes. Os resultados mostraram que a orientação religiosa intrínseca estava significativamente e positivamente relacionada com a qualidade de vida dos estudantes e a qualidade de vida extrínseca dos estudantes tinha uma relação negativa (0/001>P). Também foi realizado um inquérito que prevê a qualidade de vida com base na orientação religiosa. Os resultados da regressão stepwise mostraram que a orientação religiosa interna e externa, a capacidade de prever a qualidade de vida que eles têm. As conclusões dos resultados da investigação de SAVUTZEKI e et al (2005) [4], ZULLICK et al (2006) [5], KUEING (2007) [7], Arian et al (2008) [8] e Abdul KHALEQ (2010) [6] são consistentes. Ao explicar estas conclusões, podemos dizer que não há dúvida de que a espiritualidade é uma das principais questões e que os indivíduos procuram um sentido para o seu trabalho, procuram uma forma de ligar as suas vidas à espiritualidade. E isso permite-lhes criar laços e espiritualidade, que estão associados a Deus em todos os aspectos das suas vidas [3]. De acordo com ALLPORT (1968), as religiões inter-religiosas, inclusivas, interiorizaram os princípios da organização, enquanto que a religião é um critério externo, uma ferramenta externa, tal como um local para satisfazer as necessidades e a segurança. A orientação religiosa, a experiência interna e externa dos indivíduos com diferentes acontecimentos de vida, pode ser utilizada. E a crença religiosa, a avaliação inicial de incidentes e acontecimentos de vida, influencia. Por outras palavras, as pessoas que são religiosamente orientadas para o interior, Os acontecimentos negativos da vida foram avaliados de forma menos ameaçadora e a sua capacidade de lidar com as catástrofes de forma otimista, olhar. E tentam moldar os acontecimentos de forma mais positiva e consideram a dispensação divina para desfrutarem de uma melhor qualidade de vida. Outra parte dos resultados mostrou que os traços de personalidade de extroversão, empirismo, concordância e conscienciosidade guardam uma relação positiva significativa com a qualidade de vida dos estudantes, e o traço de personalidade neuroticismo, com a qualidade de vida dos estudantes, tem uma relação negativa (0/001>P). Também analisa que a qualidade de vida prevista foi baseada nas caraterísticas dos resultados da regressão stepwise mostrou que a busca de consenso traços de personalidade conscienciosidade e a capacidade de prever a qualidade de vida que eles têm. As conclusões da investigação com os resultados de VIDIGR (2002) [26], Hayes e Joseph (2003) [27], VIDIGR (2005) [5], Nasr ESFAHANI (2012) [13] e HAMEED e ZEMESTANI (2013) [12] são consistentes. Ao explicar estes resultados, podemos dizer que, de um modo geral, as caraterísticas do estilo de vida, influenciam e, consequentemente, a qualidade de vida dos indivíduos, também é afetada. As pessoas que em determinados traços de personalidade, como extroversão, experiência, flexibilidade, eficiência e conscienciosidade concordam, têm pontuações mais altas. Geralmente mais emoções positivas, a experiência e o mesmo se aplica a qualidade de suas vidas positivamente influenciado também. Mas aqueles que são elevados em neuroticismo, como ansiosos, deprimidos, stressados, peculiares e ilógicos, são descritos. É evidente que estas caraterísticas de personalidade podem reduzir a qualidade de vida. E a negativa, vai afetar [12]. Com os resultados o presente estudo mostrou que o bem-estar espiritual dos estudantes e a qualidade de vida, existe uma relação positiva significativa (0/001> P). Também analisa que a qualidade de vida prevista com base no bem estar espiritual. Os resultados da regressão indicaram que a capacidade de prever a qualidade de vida é a saúde espiritual. As conclusões da investigação com os resultados de STUCKI (2001) [20], O'Connor et al (2007) [19], ALLAH BAKHSHIAN e et al (2010) [16], ASGARI (2013) e ASARUDI (2013) [17] e JADIDI et al (2011) [18] são consistentes. Para explicar estes resultados, podemos dizer que uma das questões que afectam a qualidade de vida é o estado de saúde. A saúde, tal como a Organização Mundial de Saúde a define, é física, mental, social e espiritual. A saúde espiritual, os aspectos da saúde, que alguns especialistas acreditam que a atenção a esta dimensão é essencial. (JADIDI e et al, 2011) [18]. Alguns estudos têm indicado que, sem outras dimensões espirituais da saúde, o funcionamento biológico, psicológico e social adequado ou não pode atingir a sua capacidade máxima, resultando nos mais altos níveis de qualidade de vida, não é alcançado (OMIDVARI, 2009) [28]. A espiritualidade é de grande relevância para a saúde global do indivíduo; de modo que a religião e a espiritualidade são consideradas como um recurso importante para lidar com eventos de vida stressantes (STUCKI, 2001) [20]. Caraterísticas da vida espiritual como estabilidade, paz, sentir uma relação próxima consigo próprio, com Deus, com a sociedade e com o ambiente, aptidão e coordenação, ter significado e objetivo na vida é melhorar a qualidade de vida, ajuda [14]. Os resultados deste estudo indicam a relação entre a orientação religiosa e os antecedentes, o carácter, a saúde espiritual e a qualidade de vida dos estudantes. De acordo com as informações recolhidas com base em escalas de auto-relato e os relatórios do inconsciente, o viés na resposta e os estilos de carácter, talentosos, são distorcidos. Além disso, a realização do inquérito numa amostra de estudantes da Universidade PAYAM NOOR ABDANAN, ou, por outras palavras, a generalização deste estudo, pode limitar a validade externa. Sugere-se que seja efectuada uma investigação semelhante noutras pessoas e que os resultados obtidos sejam comparados com os resultados do presente estudo. Até lá, podemos generalizar os resultados para tomar decisões adequadas. Por outro lado, de acordo com os resultados do estudo e com a relação significativa entre a qualidade de vida e o bem-estar espiritual, propõe-se que se considerem aplicações e abordagens de promoção da saúde, espiritual, apoiando-se nos conceitos de sentido e objetivo, dos estudantes, de forma a promover a coerência e, consequentemente, melhorar a qualidade de vida.

RECONHECIMENTO

Todos os estudantes que participaram neste estudo tiveram muitos problemas, a quem devemos agradecer. Os dirigentes que nos ajudaram nesta investigação, é de agradecer sinceramente.

REFRÊNCIAS:

1. Huguelet P, Koenig HG. (2009). Religion and spirituality in psychiatry (Religião e espiritualidade em psiquiatria). London: Cambridge University Press.1-5.

2. Seybold KS, Hill PC. (2001).The role of religion and spirituality in mental and physical health. Current Diretions in Psychological Science. 10:21-24.

3. MADAHI, M, E. SAMADZADEH, M. KAYKHAYFARZANEH, M, M. (2012). Examinar a relação entre a orientação religiosa e o bem-estar psicológico dos estudantes. Revista de Psicologia Educacional, 2 (1), 63-53.

4. Sawatzky, R. Ratner, PA. Chiu L. (2005). A meta-analysis of the relationship between spirituality and quality of life (Uma meta-análise da relação entre espiritualidade e qualidade de vida). Social Indicators Research. 72:153-188.

5. Zullig KJ, Ward RM, Horn T. (2006). The association between perceived spirituality, religiosity, and life satisfaction: The mediating role of self-rated health. Social Indicators Research. 79:255-274.

6. Abdel-Khalek A, M. (2010). Qualidade de vida, bem-estar subjetivo e religiosidade em estudantes universitários muçulmanos. Qual Life Res.19:1133-1143.

7. Koenig, Harold G. (2007). Spirituality and Depression: A Look at the Evidence, Southern Medical Journal, Vol.100, Iss.7, 737-739.

8. ARYAN, KH. MANSUR, M. DELAVAR, A. (2008). A relação entre religiosidade e integridade mental dos iranianos no Canadá. Dissertação de doutoramento não publicada, Universidade de Ciências Médicas, Irão.

9. Widiger TA. (2005). Modelo de cinco factores de perturbação da personalidade: Integrando ciência e prática. J Res Pers, 39; 67-83.

10. Amrai K, Farhani A, Ebrahimi M, Bagheriyan V. (2011). Relação entre traços de personalidade e inteligência espiritual entre estudantes universitários. Ciências Sociais e Comportamentais. 15: 609-612.

11. Korotkov D, Hanna E. (2004).The five fator model of personality: strengths and limitations in predicting Health status, sick-role and illness behavior. Pers Individ Dif. 36, 187-199.

12. HAMID, N. ZEMESTANI, M. (2013). Qualidade de vida em relação à inteligência espiritual e caraterísticas de personalidade de estudantes de medicina. Universidade de Ciências Médicas de Hormozgan, 17 (4), 355-347.

13. NASRESFAHANI, N. ETEMADI, A. (2012). Caraterísticas de personalidade e qualidade de vida em relação à inteligência espiritual Allameh Tabatabai University. 2 (3), 235226.

14. Craven RF. Hirnle CJ. (2003). Fundamentos de Enfermagem: Saúde e Função Humana. 4a ed. Philadelphia: Lippincott &Williams & Wilkins.

15. Rezaei M. Seyedfatemi N. Hosseini F. (2006). Bem-estar espiritual em doentes com cancro submetidos a quimioterapia. Hayat. 14(3-4):33-39.

16. ALAHBAKHSHIAN, M. JAFARPURALAVI, M. PARVISI, S. HAGHANI, H. (2010). Journal of Radiation Research, 12 (3), 33-29.

17. NABATIAN, E. GHAMRANI, A. ZAKERIAN, M. MAHDIZADEH. E. (2013). A relação entre bem-estar espiritual e qualidade de vida para veteranos com deficiência e Birjand. Veteran Medical Journal, 5 (18), 39-35.

18. JADIDI, A. FARAHANI NIA, M. JANMOHAMMADI, S. HAGHANI, H. (2011). A relação entre o bem-estar espiritual e a qualidade de vida dos idosos residentes no lar de idosos de Kahrizak. Revista do Centro de Investigação em Enfermagem da Universidade de Ciências Médicas de Teerão (Revista Iraniana de Enfermagem), 24 (72), 56-48.

19. O'Connor M, Andrew G, Lauren B, et al. (2007). Relações entre qualidade de vida, bem-estar espiritual e estilos de ajustamento psicológico para pessoas que vivem com leucemia: um estudo exploratório. Ment Health Relig Cult. 10(6): 631-647.

20. Stuckey JC. (2001). Blessed assurance: The role of religion and spirituality in Alzheimer's disease caregiving and other significant life events. J Aging Stud. 15(1):69-84.

21. McCrae RR, Costa PT Jr. (1992). Validade discriminante das escalas de facetas do NEO-PIR. Educ Psychol Meas; 52(1):229-37.

22. GORUSI MIRFARSHI, M, T. MAHRYAR, A, H. GHASITABATABAEI, M. (2001). The use of personality tests and analyzing the fator structure of personality characteristics among Iranian university students, Journal of Humanities, Al, 11 (39), 198-173.

23. HAGHSHENAS, H. (2006). Modelo dos cinco factores, Universidade de Ciências Médicas de Shiraz, impressão, 4-16.

24. O'Connor M, Guilfoyle A, Breen L, Mukhardt F, Fisher C. (2007). Relações entre qualidade de vida, bem-estar espiritual e estilos de ajustamento psicológico para pessoas que vivem com leucemia: Um estudo exploratório. Ment Health Relig Culture. 10(6):631-47.

25. Eshaghi SR, Ramezani MA, Shahsanaee A. Pooya A. (2006). Validade e fiabilidade do questionário curto de 36 itens como medida da qualidade de vida na população idosa iraniana. American J of Applied Sciences, 3: 1763-1766.

26. Widiger TA, (2002). Seidlits L. Personalidade, psicopatologia e envelhecimento. Research in personality. 36: 335-362.

27. Joseph S. Hayes N. (2003). Big 5 Correlatos de três medidas de bem-estar subjetivo. Pers Individ Dif; 18: 663-668.

28. Omidvari S. (2009). [Saúde espiritual; conceitos e desafios]. Quranic Interdiscip Stud J Iranian Student's Quranic Organiz. 1(1): 5-17.

Verificar o estado da inteligência espiritual e da culpa sexual nos estudantes da Universidade de Ciências e Investigação ILAM

SEYED RAHMATOLLAH MUSAVIMOGHADAM[1] , MEHRAN BABANEJAD[2] , SAMIRA SOLEIMANI[3&4] , SOHEILA KHEIRSATAR[5] , MARYAM AKBARZADEH[6]

Resumo

Introdução: A utilização de recursos espirituais para resolver os problemas da vida, incluindo a culpa, pode ser eficaz.

Método: Num estudo transversal foram avaliados 100 estudantes de pós-graduação da Universidade de Ciências e Investigação ILAM com amostragem aleatória disponível. Os dados foram recolhidos através de questionários de inteligência espiritual e de culpa sexual e, em seguida, através da aplicação do SPSS 16 e do coeficiente de correlação de Pearson, do teste t e da análise de regressão linear.

Discussão: Entre a inteligência espiritual total e a culpa sexual não há relação, mas sob a escala da mesma, (expansão do estado consciente) o poder preditivo foi para a culpa sexual. Entre a culpa sexual e a idade dos estudantes existe uma relação, mas a sua associação com o género não foi significativa.

Conclusão: No entanto, a inteligência espiritual em geral não desempenha um papel específico no sentimento de pecado sexual dos estudantes, mas alguns dos seus componentes, nomeadamente a idade, o papel de liderança, a compreensão e a expressão da culpa sexual podem ter.

Palavras-chave: culpa sexual, inteligência espiritual, estudantes, ILAM.

Introdução

Os sentimentos de culpa relacionados com as necessidades e o comportamento sexual afectam diferentes aspectos da vida de uma pessoa, as relações interpessoais e, além disso, a relação do casal. Aqueles que sentem a sua culpa, preocupam-se que as suas leis morais, se sobreponham e quando estão envolvidos num ato sexual sentem-se mal [1]. Comportamentos como o perdão, a ação de graças, o sacrifício, o amor santo, os traços virtuosos são considerados componentes da inteligência espiritual. As interpretações e os diferentes significados da espiritualidade e da religiosidade concentram a investigação no significado da espiritualidade. Ao mesmo tempo, surgiram novas tendências na psicologia da religião, em que as medidas são eficazes, mas

1. Professor Associado e Chefe do Departamento de Teologia Islâmica Faculdade de Medicina, Universidade de Ciências Médicas, ILAM, Irão

2. Departamento de Epidemiologia, Escola de Saúde Pública, Universidade de Ciências Médicas de ILAM, ILAM, Irão

3 Departamento de Psicologia, Faculdade de Ciências da Educação e Psicologia, Universidade de SEMNAN, SEMNAN, Irão

4. Departamento de Saúde Mental Comunitária e Dependências, Universidade de Ciências Médicas de NISHAPOUR, NISHAPOUR, Irão

5 NISHAPOUR, Irão 5. Department of Clinical Psychology Sciences and Research Branch, Islamic Azad University of ILAM, Irão (Autor correspondente) s.khirisatar20@yahoo.com ; Phone: 09185507468

6. Departamento de Investigação do Ramo de Ciências da Psicologia Clínica, Universidade Islâmica Azad de ILAM, Irão

têm sido inconsistentes, de modo que as crenças são consideradas uma obrigação moral que está associada ao sucesso na vida quotidiana. Nestas circunstâncias, existe um conceito que tem o potencial de ser muito importante e esse conceito é a inteligência espiritual [2]. A inteligência espiritual e o sentimento de culpa sexual podem, de alguma forma, estar relacionados. De acordo com EMONZ (2000), a capacidade de utilizar os recursos intelectuais para resolver os problemas da vida pode ser frutuosa. As pessoas que são religiosas por natureza têm mais facilidade em lidar com o stress. Estas pessoas encontram-se, mais do que outras, em crises emocionais e problemas de significado, uma forma de aprender, encontrar e crescer através destes problemas [3]. Vários estudos também demonstraram que a espiritualidade e os Sentimentos de culpa comunicam entre si, sendo claro que esta relação, em algumas circunstâncias, pode ser atenuada [4]. No caso dos Sentimentos de culpa podemos dizer que se em conjunto com o conflito e as experiências sexuais negativas antes do casamento são mais prováveis resultados duradouros que a satisfação da relação no próximo casamento terá [5]. Neste contexto, os resultados de Starks e HUGHEY (2003) sugerem que existe uma relação positiva entre a idade e a discriminação religiosa. Também a tendência para as questões religiosas, por sua vez, tem uma influência significativa na frequência da culpa sexual nos indivíduos [6]. Os resultados de outro estudo com estudantes iranianas também mostraram que, com o aumento da idade e da duração do casamento, a culpa sexual também aumenta [7].

Dada a importância da saúde mental entre diferentes pessoas e especialmente entre os estudantes e também devido à falta de um estudo semelhante a relação inteligência espiritual e culpa sexual, estudantes, estudo com o objetivo de determinar o estado de inteligência espiritual e culpa sexual, estudantes da Universidade de Ciências e pesquisa Elam, foi realizada no ano letivo 2012-2013.

Método

Este estudo foi transversal, onde a população, foram todos os estudantes de pós-graduação da Universidade de Ciências e pesquisa ILAM província no ano letivo de 2012-2013, dos quais 100 alunos para a amostra aleatória tornando disponível foram estudados. Apresentar ferramentas de pesquisa, incluindo: **Questionário de Inteligência Espiritual:** Este instrumento feito por King, com 24 itens e tem 4 subescalas, incluindo o pensamento crítico (7) e a criação de significado pessoal (5), a consciência transcendental (7 itens) e a expansão do modo de consciência (5 perguntas) é a soma das pontuações das quatro subescalas pontuação total de inteligência espiritual irá formar. Validade e fiabilidade dos instrumentos utilizados neste estudo concorrente e colegas (2010) foi aprovado, (alfa de CRONBACH de 89%), (8) confiabilidade neste estudo 87% foi obtido. **culpa sexual Questionários:** O questionário foi adaptado dos Questionários de culpa sexual de Mosher um teste de 50 questões, as questões do teste em escala LIKERT de sete pontos de zero a seis pontuam os Sentimentos de culpa sexual num intervalo de zero a 300 medidas. As propriedades psicométricas da escala de Sentimentos de Culpa Revisto Mosher em estudos estrangeiros foram confirmadas. As propriedades psicométricas da versão persa da escala de Sentimentos de Culpa de Mosher revista em alguns estudos e aprovada de acordo com os resultados preliminares Coeficiente de questões da escala de Sentimentos de Culpa de Mosher revista numa amostra de 87 pessoas, os estudantes foram calculados e foi obtido um coeficiente alfa de CRONBACH de 0/91, o que mostra uma boa consistência da escala. Validade, versão persa do sentimento de culpa revisto Mosher com base no julgamento 7 especialistas em psicologia estudo e coeficiente Kendall 0/82 para ele foi calculado.

Os dados foram recolhidos no software estatístico SPSS versão 16 e através do coeficiente de correlação de Pearson, do teste t e da análise de regressão linear.

Encontrar

Os resultados são apresentados no quadro seguinte:

Tabela 1: Resultados da matriz de correlação entre idade, subescalas de inteligência espiritual e culpa sexual Estudantes

	Pensamento crítico	Criar um significado pessoal	Conhecer Deus	Expansão da consciência	pontuações de toda a inteligência espiritual	Culpa sexual
Idade	0/023	0/278 **	0/117	0/095	0/166	0/204 *
Pensamento crítico	1	0/659 **	0/609 **	0/214 *	0/857 **	0/039
Criar um significado pessoal		1	0/529 **	0/189	0/81 **	0/041
Conhecer Deus			1	0/283 **	0/812**	0/165
a expansão do alerta				1	0/509 **	0/401 **
pontuações de toda a inteligência espiritual					1	0/192

* Nível de significância inferior a 0/05 ** Nível de significância inferior a 0/01

Tabela 2: Papel das variáveis preditivas idade e inteligência espiritual nas alterações da culpa sexual Estudantes

Variáveis	B	Erro B	Beta padrão	valor de p
Constante	93/69	248/19		>0/0001
Idade	1/02	539/0	0/188	0/06
Pensamento crítico	-0/355	137/1	-0/043	0/755
Criar um significado pessoal	-1/128	229/1	-0/122	0/361
Conhecer Deus	1/209	154/1	0/127	0/297
Expansão da consciência	4/347	102/1	0/38	>0/0001

r=453, r2=205, significativamente inferior a 0/01 inteiro

Discussão

Um total de 100 estudantes, com uma média e um desvio padrão de 6/44 ± 31/76 anos (com idades compreendidas entre 23 e 49 anos), 57% eram do sexo feminino e os restantes do sexo masculino. Além disso, 64% eram solteiros e os restantes eram casados. As pontuações médias da inteligência espiritual e da culpa sexual foram, respetivamente, 11/3±32 e 35/22±154/95. No conjunto da inteligência espiritual e da culpa sexual, foi encontrada uma correlação positiva, mas não significativa (p>0/05,0/192). A escala Expansão da consciência como um dos componentes da inteligência espiritual tem significativamente a maior correlação com a culpa sexual (p>0/01,0/401). Por fim, a idade dos estudantes com culpa sexual teve correlação positiva e significativa (p>0/05,0/204) (Tabela 1). Após o tempo de predição das variáveis da idade e das quatro variáveis componentes da inteligência espiritual verificou-se que todas as variáveis estudadas só conseguem prever 20% das alterações nos Sentimentos de culpa sexual (Tabela 2). Finalmente após a remoção de variáveis sem sentido no modelo de regressão a variável Expansão da consciência apareceu significativamente no papel anterior de modo que de 20% do total 16% do qual estava relacionado com Expansão da consciência que fórmula linear que foi obtida desta forma: (Expansão da consciência×4⁄59+128=Sentimentos de culpa, r=401, r^2 =161, p<0/0001). Por fim, a culpa sexual e o género, foi encontrada uma relação significativa, mas a média e o desvio padrão desta variável nos homens é superior à das mulheres (respetivamente 38/87±162/11 e 31/84±149/42, p=0/07).

Conclusão

A espiritualidade e a saúde mental têm sido sempre um tema de discussão. Algumas tendências religiosas e espirituais, incluindo as formas mais importantes de lidar com a vida stressante, sabem que não importa onde se possa ter uma boa saúde mental [9]. A Inteligência Espiritual tem muitas dimensões e, por vezes, alguns dos seus aspectos podem estar relacionados com a saúde mental ou alguns deles não estão presentes na vida das pessoas [4]. Os resultados do presente estudo mostraram que toda a inteligência espiritual e a culpa sexual apresentaram uma correlação positiva, que não foi significativa, mas sob a escala Expansão da consciência como um dos componentes da inteligência espiritual tem significativamente a maior correlação com a culpa sexual. no estudo TEIMOURPOUR et al (2010) estilo de apego estudantes do sexo feminino mais seguro os sentimentos de culpa em menos eles eram e, por outro lado, as pessoas que têm estilos de apego inseguros expressaram maiores sentimentos de culpa que o papel do intelectual e da saúde como reagir ao sentimento de culpa [10]. Alguns estudos religião e crenças religiosas destacadas da culpa sexual são por exemplo GANDERSON acredita que o religioso e o desejo de realizar pecado sexual em estudantes cristãos pesquisados são dois completamente separados para que um estudante enquanto frequenta a igreja e locais religiosos mais uma vez, o desejo de ter pecado sexual [11]. É claro que, neste caso, devido às diferenças de crença e religião, o Islão e o Cristianismo não podem certamente ideia e os estudantes também havia porque, de acordo com a lei religiosa islâmica mais rigorosa e neste caso pode ser neste estudo esperado. No entanto, o papel da espiritualidade e da crença em Deus na vida dos não-muçulmanos também passou, por exemplo, por mais de três quartos dos americanos, o papel de Deus e a sua eficácia, comportamento e mentalidade foram considerados muito fortes [12]. A culpa sexual nas raparigas e nos rapazes não teve diferença significativa, mas a média e o desvio-padrão desta variável nos homens foi superior à das mulheres. BROUPHY (2012) Os sentimentos de culpa expressos pelos estudantes sabem mais do que os rapazes. É claro que, na sua opinião, a frequência do desejo de ter mais papel de crime do acaso também em maior a taxa, a proporção de estudantes do sexo feminino não afeta [13]. Noutro estudo semelhante, também em relação à diferença entre homens e mulheres, na vergonha e na culpa, os resultados mostraram que as mulheres estavam mais dispostas a Sentimentos de culpa e vergonha, mas os homens atribuem culpa à maioria das mulheres relatadas [14]. Esta conclusão é consistente com as conclusões de KOUBANI e Watson [15] e SILFOUR [16]. A idade e a culpa sexual apresentaram uma correlação positiva significativa, o que significa que, com o aumento da idade, a culpa sexual aumenta. Esta conclusão, juntamente com a investigação de DIVASTO et al (1981), é consistente. Isto deve-se provavelmente à tendência da maioria das pessoas religiosas para aumentar a idade [17]. Starks e HUGHEY (2003) também descobriram que entre a idade e a discriminação religiosa existe uma relação positiva que coincidiu com a tendência para as questões religiosas que, por sua vez, têm um maior impacto na frequência da culpa sexual nos indivíduos [6]. A pesquisa de TEIMOURPOUR et al (2012) também sugere que com o aumento da idade e duração do casamento, a culpa sexual também aumenta [7]. Inteligência espiritual, embora em geral um papel específico no sentido de pecado sexual estudantes estudo não fez no entanto alguns dos seus componentes, especialmente com a idade levando papel compreender e expressar culpa sexual mostrou. Além disso, ao contrário da maioria dos estudos anteriores, os homens, em detrimento das mulheres, sentiram-se mais culpados do que os homens, recomendou-se que, em investigações futuras, se examinasse a relação entre o sexo e os sentimentos de culpa em diferentes áreas de formação. Incluindo as limitações, o presente estudo pode ser considerado é que, de acordo com o questionário, a culpa sexual, a prática da masturbação também colocada em questão é suscetível de ser o assunto que eles simplesmente não respondem. Para atenuar esta limitação, foi assegurado aos estudantes que os nomes e os dados do questionário são confidenciais e serão analisados.

Referências

1. Zhanda, L. Testes de personalidade. Traduzido por: MA Besharat e M Habibnejad 1ª ed. Teerão: Ayeez Pub. 2005:137-41.

2. Emmons, RA. A espiritualidade é uma inteligência? Motivação, cognição e a psicologia da preocupação última. The International Journal for the Psychology of Religion. 2000; 10(1):3-26.

3. Emmons, RA. Espiritualidade e inteligência: Problemas e perspectivas. A revista internacional de psicologia da religião. 2000;10(1):57-64.

4. Payne, IR. Bergin, AE. Bielema, KA. Jenkins, PH. Revisão da religião e da saúde mental: Prevention and the enhancement of psychosocial functioning. Prevention in Human Services. 1991; 9(2):11-40.

5. Long, EC. Cate, RM. Fehsenfeld, DA. Williams, KM. Uma avaliação longitudinal de uma medida de conflito sexual pré-marital. Family Relations. 1996:302-8.

6. Starks, SH. Hughey, AW. Mulheres afro-americanas na meia-idade: A relação entre espiritualidade e satisfação com a vida. Affilia. 2003; 18(2):133-47.

7. Teimourpour, N,. Moshtagh Bidokhti, N. Pourshabaz, A. The Relationship between Attachment Styles

and Age with Sexual Guilt in Student Women. Jornal da Universidade de Ciências Médicas de Gonabad. 2012; 18(1).

8. Moallemi, S. BAKHSHANI, NM. RAGHIBI, M. Sobre a relação entre saúde mental, inteligência espiritual e atitudes disfuncionais em estudantes da Universidade de Systan e Baluchestan, no sudeste do Irão. A REVISTA TRIMESTRAL DE FUNDAMENTOS DA SAÚDE MENTAL. 2011.

9. Dein, S. Cook, CC. Powell, A. Eagger, S. Religião, espiritualidade e saúde mental. The Psychiatrist. 2010; 34(2):63-4.

10. Teimourpour, N. Moshtagh Bidokhti, N. Pourshabaz, A. The Relationship of Attachment Styles, marital satisfaction and sexual guilt with sexual tendency in women (A relação dos estilos de vinculação, satisfação conjugal e culpa sexual com a tendência sexual nas mulheres). Jornal de psicologia clínica. 2010; 2(3).

11. Gunderson, MP. McCary, JL. Culpa sexual e religião. Family Coordinator. 1979:353-7.

12. Larson, D. Milano, MG. Lu, M. Religião e Saúde Mental. Métodos clínicos em psiquiatria transcultural. 1998:191.

13. Brophy, M. Gender differences in the attribution of shame and guilt (Diferenças de género na atribuição de vergonha e culpa) 2012.

14. Benetti-McQuoid, J. Bursik, K. Individual differences in experiences of and responses to guilt and shame: Examinar as lentes do género e do papel do género. Sex Roles. 2005; 53(1-2):133-42.

15. Kubany, ES. Watson, SB. Culpa: Elaboração de um modelo multidimensional. The Psychological Record. 2012; 53(1):4.

16. Silfver, M. Gender differences in value priorities, guilt, and shame among Finnish and Peruvian adolescents (Diferenças de género nas prioridades de valor, culpa e vergonha entre adolescentes finlandeses e peruanos). Sex Roles. 2007; 56(9-10):601-9.

17. DiVasto, PV. Pathak, D. Fishburn, WR. The interrelationship of sex guilt, sex behavior, and age in an adult sample (A inter-relação entre culpa sexual, comportamento sexual e idade numa amostra de adultos). Archives of Sexual Behavior. 1981; 10(2):119- 22.

MIX
Papier aus verantwortungsvollen Quellen
Paper from responsible sources
FSC® C105338

Printed by Books on Demand GmbH, Norderstedt / Germany